2012—2013

# 管理科学与工程
# 学科发展报告

REPORT ON ADVANCES IN
MANAGEMENT SCIENCE AND ENGINEERING

中国科学技术协会　主编
中国优选法统筹法与经济数学研究会
中国管理现代化研究会　编著

中国科学技术出版社
·北 京·

图书在版编目（CIP）数据

2012—2013管理科学与工程学科发展报告／中国科学技术协会
主编；中国优选法统筹法与经济数学研究会，中国管理现代化研究
会编著 . —北京：中国科学技术出版社，2014.2

（中国科协学科发展研究系列报告）

ISBN 978-7-5046-6545-4

I. ① 2… II. ① 中… ② 中… III. ① 管理学 – 学科发展 – 研究报
告 – 中国 – 2012—2013 ② 管理工程学 – 学科发展 – 研究报告 – 中
国 – 2012—2013  IV. ① C93-12

中国版本图书馆 CIP 数据核字（2014）第 003718 号

| 策划编辑 | 吕建华　赵　晖 |
| 责任编辑 | 关东东　赵　晖 |
| 责任校对 | 何士如 |
| 责任印制 | 王　沛 |
| 装帧设计 | 中文天地 |

| 出　　版 | 中国科学技术出版社 |
| 发　　行 | 科学普及出版社发行部 |
| 地　　址 | 北京市海淀区中关村南大街 16 号 |
| 邮　　编 | 100081 |
| 发行电话 | 010-62103354 |
| 传　　真 | 010-62179148 |
| 网　　址 | http://www.cspbooks.com.cn |

| 开　　本 | 787mm × 1092mm　1/16 |
| 字　　数 | 225 千字 |
| 印　　张 | 10 |
| 版　　次 | 2014 年 4 月第 1 版 |
| 印　　次 | 2014 年 4 月第 1 次印刷 |
| 印　　刷 | 北京市凯鑫彩色印刷有限公司 |
| 书　　号 | ISBN 978-7-5046-6545-4 / C · 157 |
| 定　　价 | 35.00 元 |

# 2012—2013

# 管理科学与工程学科发展报告

## REPORT ON ADVANCES IN
## MANAGEMENT SCIENCE AND ENGINEERING

**首席科学家**　蔡　晨　赵纯均

**专　家　组**（按姓氏笔画排序）

顾　问　于景元　计　雷　徐伟宣

成　员　乞建勋　石　勇　冯连勇　达庆利　华中生
　　　　刘作仪　刘思峰　池　宏　许保光　李一军
　　　　李仲飞　李建平　杨善林　汪寿阳　张　维
　　　　张兴平　张金隆　张玲玲　陈　剑　陈建明
　　　　范　英　林则夫　欧立雄　赵炳新　徐玖平
　　　　高自友　黄海军　梁　樑　熊　熊　魏一鸣

**学 术 秘 书**　吴登生　傅继良　张玲玲（兼）

# 序

　　科技自主创新不仅是我国经济社会发展的核心支撑，也是实现中国梦的动力源泉。要在科技自主创新中赢得先机，科学选择科技发展的重点领域和方向、夯实科学发展的学科基础至关重要。

　　中国科协立足科学共同体自身优势，动员组织所属全国学会持续开展学科发展研究，自 2006 年至 2012 年，共有 104 个全国学会开展了 188 次学科发展研究，编辑出版系列学科发展报告 155 卷，力图集成全国科技界的智慧，通过把握我国相关学科在研究规模、发展态势、学术影响、代表性成果、国际合作等方面的最新进展和发展趋势，为有关决策部门正确安排科技创新战略布局、制定科技创新路线图提供参考。同时因涉及学科众多、内容丰富、信息权威，系列学科发展报告不仅得到我国科技界的关注，得到有关政府部门的重视，也逐步被世界科学界和主要研究机构所关注，显现出持久的学术影响力。

　　2012 年，中国科协组织 30 个全国学会，分别就本学科或研究领域的发展状况进行系统研究，编写了 30 卷系列学科发展报告（2012—2013）以及 1 卷学科发展报告综合卷。从本次出版的学科发展报告可以看出，当前的学科发展更加重视基础理论研究进展和高新技术、创新技术在产业中的应用，更加关注科研体制创新、管理方式创新以及学科人才队伍建设、基础条件建设。学科发展对于提升自主创新能力、营造科技创新环境、激发科技创新活力正在发挥出越来越重要的作用。

此次学科发展研究顺利完成，得益于有关全国学会的高度重视和精心组织，得益于首席科学家的潜心谋划、亲力亲为，得益于各学科研究团队的认真研究、群策群力。在此次学科发展报告付梓之际，我谨向所有参与工作的专家学者表示衷心感谢，对他们严谨的科学态度和甘于奉献的敬业精神致以崇高的敬意！

　　是为序。

2014 年 2 月 5 日

# 前　言

　　管理科学与工程学科是研究管理活动规律及其应用理论和方法的学科，侧重于管理科学的基础与前沿，研究成果为专业人员进行管理研究或实践活动提供有效的科学理论、方法与技术支撑。管理科学与工程学科的发展，对管理科学其他分支学科的发展起到重要推动作用。

　　近年来，我国管理科学与工程学科发展迅速，有的研究成果跻身国际学术前沿，在国际顶级期刊上发表；有的成果立足中国管理实践，对国民经济和社会发展产生了重要的积极影响。为了梳理我国管理科学与工程领域的发展态势和研究进展，中国优选法统筹法与经济数学研究会于2007年组织了相关专家对学科发展态势进行了较为全面的总结，并形成了《管理科学与工程学科发展报告（2007—2008）》，为学者掌握学科发展态势提供重要指导。新的发展形势下，有必要在前期学科发展态势总结的基础上，对我国管理科学与工程学科的发展态势重新进行一次总结，分析其中的研究现状与研究热点，并对本学科的国内外进展进行比较研究，提出未来几年学科的发展趋势，对于管理科学与工程的学科发展将具有重要的意义。

　　为做好管理科学与工程学科发展报告，中国优选法统筹法与经济数学研究会和中国管理现代化研究会联合筹备发展报告的撰写工作，成立了由蔡晨理事长和赵纯均理事长为首席科学家，学会副理事长、常务理事和理事参加的课题组。课题组在充分调研专家意见和文献资料的基础上，总结了我国管理管理科学与工程学科近几年的研究热点、经费投入与平台建设、人才培养等研究现状。在此基础上，对管理科学与工程学科国内外研究进展进行比较。课题组还选择了计算实验金融、城市交通管理、智能知识管理、服务科学、低碳发展管理和项目管理6个领域进行专题研究，由各个领域的知名专家组织研究组对专题的研究进展、国内外对比、发展趋势等内容进行深入分析。课题研究过程中多次召开研讨会，并举行了两次规模较大的"管理科学与工程学科发展研讨会"，邀请国内管理科学与工程领域知名专家对发展报告进行多次论证和修改。

　　本报告主要由综合报告和专题报告两大部分组成。综合报告阐释了我国管理科学工程学科的基本特征，研究了学科经费投入与平台建设以及学科人才培养情况，在文献计量的基础上重点阐述了学科的研究热点和重要领域等进展情况，并从学科世界地位、成果影响力、重要领域等方面进行国内外对比，最后给出了我国管理科学与工程学科未来发展趋势、重点领域以及促进学科发展的相关措施。专题报告围绕各研究领域的性质、研究进展，国内外对比情况，发展趋势等内容，开展有针对性的阐述，是对各领域一次较为全面的梳理和总结。

本次《2012—2013 管理科学与工程学科发展报告》的研究和撰写工作得到了多位专家的大力支持，我们在此表示衷心的感谢！特别感谢中国科协，感谢积极参与本项工作的各专题负责人以及参与报告撰写的专家们！由于时间紧迫，也由于管理科学与工程学科近年来发展迅速，本报告还有不少工作尚缺周密考虑。报告内容虽然经过多次讨论和修改，肯定还存在不少的欠缺甚至错误，敬请大家批评指正。

中国优选法统筹法与经济数学研究会

中国管理现代化研究会

2013 年 10 月

# 目 录

## 综合报告

## 专题报告

# ABSTRACTS IN ENGLISH

## Comprehensive Report

## Reports on Special Topics

# 综合报告

# 管理科学与工程学科现状与发展趋势

## 一、引言

　　管理科学与工程学科是研究管理活动规律及其应用理论和方法的学科，侧重于管理科学的基础与前沿，综合运用数学、统计科学、系统科学、行为科学以及信息科学等学科的方法研究各种制约因素下的管理问题，研究成果为专业人员进行管理研究或实践活动提供有效的科学理论、方法与技术支撑[1]。管理科学与工程依托于自然科学与工程科学发展起来，呈现出学科的交叉和知识融合的特点。自然科学、工程科学、行为科学以及社会科学领域的理论与方法的发展为管理科学与工程的建立、发展和完善提供了可借鉴的理论、方法与技术[2]。与其他学科相比，管理科学与工程学科有着以下特点：与其他学科的交叉与知识融合；基础学科与领域的拓展性；理论研究与应用的结合；突出管理学（门类）的研究方法、方法论（及分析的哲学）与研究工具，并给出在相关学科领域的应用示范；突出学科的基础性[3]。

　　作为我国管理学科中发展最早的学科之一，管理科学与工程学科已逐步形成了其较为系统的科学理论基础和学科体系。1978年改革开放后，我国的社会、经济与科技发展对科学管理产生了巨大的需求，管理科学与工程学科依托自然科学与工程科学首先发展起来，并在我国经济、社会发展中发挥着越来越重要的作用。我国教育部在1998年8月发布的《普通高等院校专业目录》中，第一次将管理科学与工程作为管理学科门类的一个一级学科设置，这标志着该学科在我国的正式建立[4]。管理科学与工程学科的重大进展，为管理科学和我国社会与经济的发展提供科学依据和强有力的支持。具体来讲，管理科学与工程学科的科学意义体现在以下5个方面[3]：第一，管理科学与工程学科对我国管理科学的发展起到了重要的推动作用。第二，管理科学与工程学科促进了管理科学与其他现代科学技术的交叉、融合和发展。第三，管理学科与工程学科提高了人类管理决策及探索自然规律的科学性和效率，有助于加深对人类活动与自然规律相互作用的认识。第四，管理科学与工程学科有利于促进科学知识的产生和价值转化。第五，管理科学与工程学科的

3

发展对管理科学其他学科提出了新的要求。

自我国管理科学与工程学科正式建立以来，学科发展迅速，已成为管理学门类下发展规模最大的一级学科。部分研究成果已经处于国际领先或接近国际先进水平。有的研究成果跻身国际学术前沿，在国际顶级期刊上发表；有的成果立足中国管理实践，对国民经济和社会发展产生了重要的积极影响。为了梳理我国管理科学与工程领域的发展态势和研究进展，中国优选法统筹法与经济数学研究会于 2007 年组织了相关专家对学科发展态势进行了较为全面的总结，并形成了《管理科学与工程学科发展报告（2007—2008）》，为学者掌握学科发展态势提供重要指导。

近年来一些新的重要成果不断涌现，对国民经济和社会发展产生了重要的积极影响。如在交通运输管理领域，对交通系统的管理与优化、交通分配、拥挤道路收费开展的创新性的工作取得了重要进展[5, 6]。此外，一些新的研究领域，如智能知识管理、计算实验金融、服务科学、低碳经济等方面也取得了一批重要成果。这些领域的研究成果的特点在于既有理论意义，又是面向经济社会中的需求，对实际问题的解决发挥着重要作用。发表论文的统计数据也表明，我国管理科学与工程学科呈现出快速发展的态势，2010—2012 年，我国大陆学者在管理科学与工程领域（management science / operations research，MS/OR）的 SCI 期刊中共发表论文 3619 篇，是 2007—2009 年同期论文数量的 1.72 倍[7]。年发文数量从 2007 年的 554 篇上升到 2012 年的 1368 篇，占该领域世界发文比例也从 2007 年的 11.24% 上升到 2012 年的 16.55%。从研究成果质量来看，部分研究成果已经处于国际领先或接近国际先进水平，在 6 种管理科学与工程领域的顶级期刊中[8]，2010—2012 年我国学者共发表了 68 篇论文，是 2007—2009 年同期论文数量的 1.74 倍。

新的发展形势下，有必要在前期学科发展态势总结的基础上，对我国管理科学与工程学科的发展态势重新进行一次总结，分析其中的研究现状与研究热点，并对本学科的国内外进展进行比较研究，提出未来几年学科的发展趋势，对于管理科学与工程的学科发展将具有重要的意义[9, 10]。本报告由中国优选法统筹法与经济数学研究会和中国管理现代化研究会组织相关领域专家对 2010—2012 年我国管理科学与工程学科的发展态势进行一次总结，报告分为综合报告和专题报告两个部分。综合报告主要从学科最新研究进展、学科的国内外研究进展比较、学科的发展趋势及展望 3 个方面着手，系统分析近年来我国管理科学与工程学科的发展态势。专题报告部分分别总结了计算实验金融、城市交通管理、智能知识管理、服务科学、低碳发展管理和项目管理 6 个专题的研究进展和发展趋势。

## 二、管理科学与工程学科最新研究进展

### （一）学科研究成果增长迅速

发表学术论文是管理科学与工程领域研究成果一个重要表现形式，研究学术论文的

增长数量一定程度上衡量了学科研究成果的增长情况。管理科学与工程领域尤其强调研究成果要跻身于国际学术前沿，所以分析我国管理科学与工程领域在国际高水平期刊发表的学术论文情况，一定程度上能反映我国管理科学与工程领域的发展态势。本节报告以Web of Science 数据库（SCI 数据库）中和管理科学与工程学科相关的期刊作为样本（选取Management Science/ Operational Research 类，一定程度上涵盖了管理科学与工程学科的界定范围），检索大陆学者在样本期刊上发表的论文，通过论文数量增长情况，反映我国管理科学领域研究成果的增长情况。

2012 年 SCI 数据库中共收录 78 种管理科学与工程类期刊，以地址含有 "People's Republic of China" 为条件检索出相关论文，得到我国大陆学者发表的学术论文。表 1 为2001—2012 年我国大陆学者在管理科学与工程领域期刊上发表的学术论文数量。

表 1　我国大陆学者在管理科学与工程领域的发文情况

| 年　份 | 论文数（篇） | | | 占中国论文比 *（%） | 占世界论文比（%） |
| --- | --- | --- | --- | --- | --- |
| | 大陆（a） | 中国（b） | 世界（c） | =a / b * 100 | =a / c * 100 |
| 2001 | 133 | 254 | 3638 | 52.36 | 3.66 |
| 2002 | 138 | 248 | 3549 | 55.65 | 3.89 |
| 2003 | 159 | 287 | 3557 | 55.40 | 4.47 |
| 2004 | 158 | 283 | 3850 | 55.83 | 4.10 |
| 2005 | 253 | 406 | 4158 | 62.32 | 6.08 |
| 2006 | 287 | 448 | 4754 | 64.06 | 6.04 |
| 2007 | 543 | 687 | 5404 | 79.04 | 10.05 |
| 2008 | 650 | 850 | 6244 | 76.47 | 10.41 |
| 2009 | 871 | 1097 | 7370 | 79.40 | 11.82 |
| 2010 | 961 | 1104 | 6819 | 87.05 | 14.09 |
| 2011 | 1258 | 1414 | 7570 | 88.97 | 16.62 |
| 2012 | 1359 | 1580 | 8056 | 86.01 | 16.87 |
| 2001—2012 | 6770 | 8658 | 64969 | 78.19 | 10.42 |

*台湾地区的论文没有统计在内。

从表 1 中可以看出，近年来我国管理科学与工程领域研究成果增长迅速。我国管理科学与工程领域发文数量在 2001 年的只占到世界发文总量的 3.66%，这一比例到2007 年上升到 10.05%，到 2012 年迅速增长到 16.87%。从论文的绝对数量来看，从2007 年开始，我国管理科学与工程领域研究成果进入快速增长期，论文数量达到 500篇以上，2011 年开始超过 1000 篇。表 1 中的数据还表明，2001 年，大陆作者发文数据只占到中国发文总量的 58.16%。由于本文中国发文总量没有包括台湾地区的论文，这一数据表明有 41.84% 的论文是由中国香港和中国澳门（简称港澳）地区发表的

（主要是香港）。2012 年，大陆作者发文数据占中国发文总量比例已经上升到 86.01%，即只有 13.99% 的论文是由港澳地区作者发表的，这说明管理与运筹学领域港澳地区和大陆的合作已经非常深入了，港澳对于引领大陆管理与运筹学的发展起着至关重要的作用。

文献计量学的研究成果表明，学科文献的增长呈现指数增长规律。普赖斯认为以科技文献量为纵轴，以历史年代为横轴，不同年代的科技文献量的变化过程表现为一根光滑的曲线，这条曲线十分近似地表示了科技文献量指数增长的规律。因此，普赖斯得出结论："似乎没有理由怀疑任何正常的、日益增长的科学领域内的文献是按指数增加的，每隔大约 10 ~ 15 年时间增加一倍"，"每年增长约 5% ~ 7%"。图 1 中的结果显示，我国大陆管理科学与工程领域的文献增长明显服从指数规律。

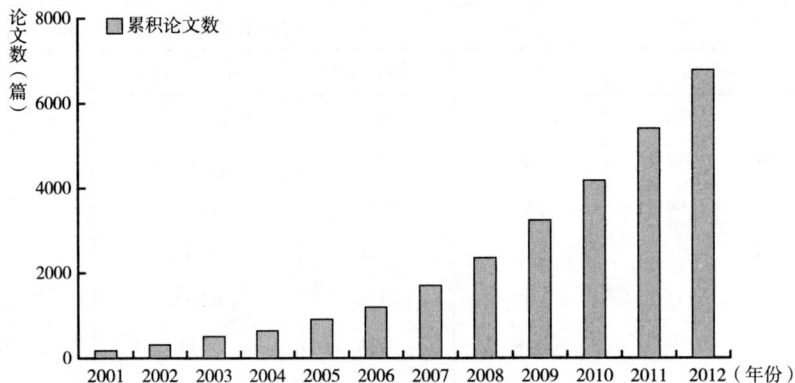

图 1　我国大陆管理科学与工程领域发文累计分布图

### （二）热点领域和重要领域取得重要进展

#### 1. 学科研究热点领域进展分析

"研究热点"反映着在某一时段内，学术界对一些特定问题或领域的关注程度。对于理论研究来说，这一关注程度指标同样可以用这一领域发表论文的情况或相关关键词出现的频次来反映。高水平论文是科学研究的一项重要成果，论文中的关键词一定程度上反映了论文的主要内容[11]。通过对高水平论文关键词的分析，可以总结我国管理科学与工程学科的研究热点。本节以 SCI 数据库中和管理科学与工程学科相关的期刊作为样本，检索大陆学者在样本期刊上发表的论文，通过分析其关键词，反映我国管理科学与工程学科研究热点。首先，从关键词出现的次数分析，出现的次数越多，说明这个关键词越重要；其次，从利用关键词共词分析方法，总结不同关键词积聚在一起形成的研究领域。表 2 列出了 2010—2012 年我国大陆管理科学与工程领域高水平论文中最频繁使用的关键词。

表2　我管理科学与工程领域关键词词频统计分析

| 序号 | 关键词 | 频次 | 序号 | 关键词 | 频次 |
|---|---|---|---|---|---|
| 1 | scheduling | 94 | 17 | dynamic programming | 33 |
| 2 | supply chain management | 90 | 18 | global convergence | 32 |
| 3 | genetic algorithm | 76 | 19 | global optimization | 32 |
| 4 | support vector machine | 71 | 19 | tabu search | 31 |
| 5 | particle swarm optimization | 54 | 21 | classification | 29 |
| 6 | optimization | 51 | 22 | heuristics | 28 |
| 7 | data envelopment analysis | 50 | 23 | pricing | 27 |
| 8 | game theory | 46 | 24 | reliability | 25 |
| 9 | inventory | 45 | 25 | feature selection | 25 |
| 10 | linear matrix inequality | 41 | 25 | makespan | 25 |
| 11 | data mining | 39 | 25 | differential evolution | 24 |
| 12 | uncertainty | 39 | 28 | China | 24 |
| 12 | stability | 39 | 29 | networked control systems | 24 |
| 12 | fault diagnosis | 39 | 29 | multi-agent systems | 24 |
| 12 | variational inequality | 36 | 29 | group decision making | 23 |
| 16 | multiple criteria decision making | 34 | 30 | unconstrained optimization | 22 |

从表3中高水平论文关键词分析结果可以看出，2010—2012年我国管理科学与工程领域最重要的3个重点研究领域分别是调度（scheduling）、供应链管理（supply chain management）和优化问题（optimization）。分析表3中的关键词出现频率，有两类比较有特点。一类以博弈论（game theory）为例，出现的频率逐年增加。类似的还有可信度（reliability）等，预示着这些研究领域进入到快速发展时期。另一类则在这3个阶段内保持相对平稳，例如稳定性（stability）、不确定性（uncertainty）和特征选择（feature selection）等，说明这些已经发展为管理科学与工程领域的比较成熟领域。

在关键词词频分析的基础上，进一步通过共词网络的方式，将不同关键词联系起来，形成关键词共词分析网络，在网络中梳理我国管理科学与工程领域的研究热点。首先，选取管理科学与工程领域的出现次数前200位的关键词进行共词分析，建立共词分析矩阵，并利用Pajek软件进行了可视化处理，得到我国管理科学与工程领研究热点图谱。为了简化共词网络，网络中只保留同时出现两次及以上的关键词，并舍去了孤立点。2010—2012年我国管理科学与工程领域关键词共词网络见图2。

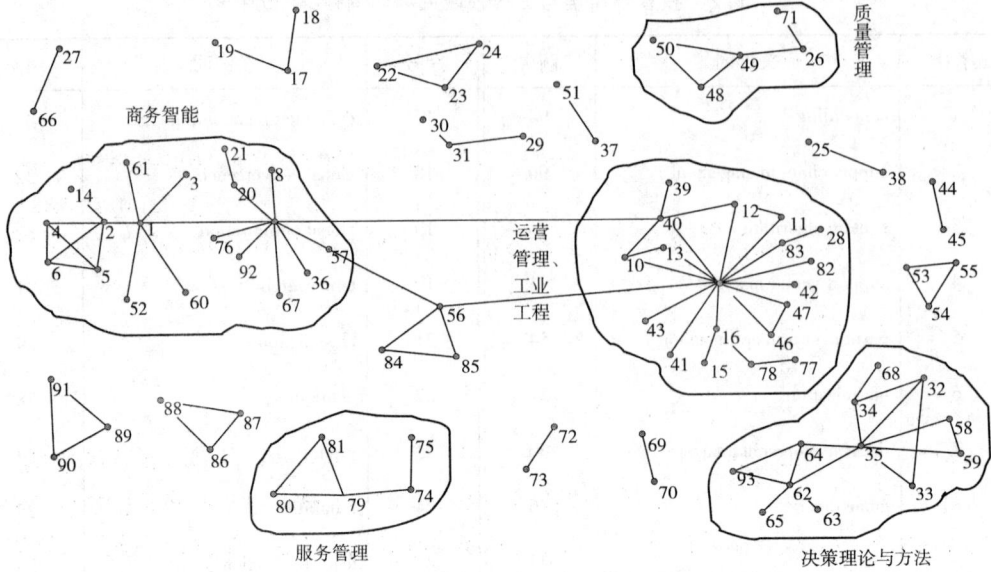

图 2　2010—2012 年管理科学与工程领域关键词共词网络

　　图 2 中每个节点表示一个关键词，节点之间有线条连接表示两个关键词同时出现在论文中。通过对图中结果分析，可以发现 2010—2012 年我国管理科学与工程的研究热点大致可以分为出 5 个方面。其中两个规模较大的热点领域分类别是运营管理、工业工程和商务智能；3 个规模较小的热点领域分类别是决策理论与方法、质量管理、服务管理。为了进一步分析不同领域的特点，在关键词判读的基础上，将各个领域的名称、包含的关键词在表 3 中列出。

表 3　2010—2012 年我国管理科学与工程重点研究领域及关键词

| 领域名称 | 包含的关键词 | | | |
| --- | --- | --- | --- | --- |
| | 编　号 | 名　称 | 编　号 | 名　称 |
| 运营管理、工业工程（核心节点9） | 9 | scheduling | 41 | parallel machines |
| | 10 | flow shop | 42 | worst-case analysis |
| | 11 | deteriorating jobs | 43 | polynomial time algorithm |
| | 12 | total completion time | 46 | process planning |
| | 13 | branch-and-bound | 47 | integrated process planning and scheduling |
| | 15 | similar individuals | 77 | immune algorithm |
| | 16 | evolutionary algorithms | 78 | multiobjective optimization |
| | 28 | facility location | 82 | batching machine |
| | 39 | batch scheduling | 83 | approximation algorithm |
| | 40 | makespan | | |

| 领域名称 | 包含的关键词 | | | |
|---|---|---|---|---|
| | 编号 | 名 称 | 编号 | 名 称 |
| 商务智能<br>（核心节点 1、2、7） | 1 | support vector machine | 21 | credibility measure |
| | 2 | particle swarm optimization | 36 | rough sets |
| | 3 | embedded | 52 | prediction |
| | 4 | wv–svm | 57 | tabu search |
| | 5 | adaptive mutation | 60 | ant colony optimisation |
| | 6 | Gaussian mutation | 61 | feature selection |
| | 7 | genetic algorithm | 67 | supplier selection |
| | 8 | demand forecasting | 76 | artificial neural networks |
| | 14 | artificial immune system | 92 | universal generating function |
| | 20 | fuzzy programming | | |
| 决策理论与方法<br>（核心节点 35 和 62） | 32 | decision making | 62 | multiple criteria decision making |
| | 33 | environment | 63 | choquet integral |
| | 34 | optimization | 64 | intuitionistic fuzzy sets |
| | 35 | uncertainty | 65 | fuzzy sets |
| | 58 | contamination control | 68 | risk |
| | 59 | fluid power system | 93 | interval–valued intuitionistic fuzzy value |
| 质量管理<br>（核心节点 48、49、50） | 26 | statistical process control | 50 | reliability engineering |
| | 48 | SPC | 71 | self–starting |
| | 49 | quality control | | |
| 服务管理<br>（核心节点 79、80、81） | 74 | revenue management | 80 | transference |
| | 75 | dynamic pricing | 81 | point process intensity control |
| | 79 | overbooking | | |

上述 5 个领域是 2010—2012 年我国管理科学与工程的研究热点，结合专家在含有关键词论文判断度的基础上，本报告进一步梳理了 5 个研究热点的具体内容。

（1）运营管理、工业工程

该热点领域的主要研究问题是调度问题，学者们研究的热点主要集中在作业车间生产调度、移动吊车调度、项目调度以及其他一些调度问题。作业车间的调度问题，主要研究点在于提出创新性的方法来完工时间的最小化，从而提高生产效率，通过学者们的不断研究，该领域的方法也日趋丰富与详尽[12-18]。对于移动吊车调度问题，学者们的研究热点主要集中在基于目标规划、整数规划等规划模型的基础上，提出多种调度模型，并通过启发式算法来对模型进行求解[19-23]。而项目调度问题则关注的是项目进行过程中包括时间、人力等资源的调度统筹[24-26]。除了以上这些学者们研究较多的领域外，调度问题还出现在其他一些领域，如机器人时间处理窗的最优循环调度问题[27]、半导体测试调度问题[28]、全面半导体制造系统[29]。

调度问题在运营管理、工业工程等领域有广泛涉及，随着研究的深入，更多新兴的领域例如机器人等的调度问题也日趋成为研究的热点和重点。从目前来看，运营管理、工业工程调度问题研究的内容还是集中在算法上，新方法的引入和多种方法的结合还是算法研究的主流。这些方法的出现为不同行业的资源优化配置、对工业以及新型产业的发展起到了重要支撑作用。

**（2）决策理论与方法**

近年来，我国学者对决策理论与方法领域的研究成果可以从理论研究和实际应用两个角度去阐述。理论研究方面主要集中在构建新的决策模型，并证明其优越性和合理性，其中如何刻画决策者的偏好成为主要研究方向，如利用偏好参数更为确定的仿真方法去解决对多个目标的偏好排序问题[30]、项目组合选择问题中选择标准和决策者偏好的异样性问题[31]。此外，通过主客观方法求得决策模型的权重也是一个重要方向，如基于熵权重为加权相关系数的多准则模糊决策方法[32]、求解随机多准则决策的方法[33]、AHP 中成对比较矩阵一致性测试方法中的不足问题[34]。

在梳理该领域研究态势时，也发现较多偏应用型的研究成果，主要是决策模型应用于不同的领域，如测度我国中小上市公司的信用风险[35]、消费者购买与消费决策模型[36]、个人信用风险进行分析[37]、寻找与用户需求最为相关的网页[38]、车辆分配和路径规划问题。这些决策模型在实践中应用的研究成果，检验了相关决策理论或模型的科学性和适用性，也丰富了管理实践案例。

**（3）商务智能**

在商务智能领域，学者们的研究主要集中在不同商务智能方法的构建与应用上，如支持向量机、遗传算法、人工神经网络、禁忌搜索等模型。支持向量机在解决小样本、非线性及高维识别中有许多特有的优势，国内外学者致力于这方面的研究，并取得了丰富的理论实践成果。较多的研究成果集中在优化和改进现有的支持向量机方法[39-41]。此外，遗传算法也是商务智能领域的一个研究热点，学者们在传统遗传算法的基础上进行相应的改进，并运用到多个领域，如提出的自适应遗传算法[42]、遗传算法 – 退火模拟的混合算法[43]、基于免疫遗传算法[44]、k 均值聚类的量子激发遗传算法[45]。此外，人工神经网络近来越来越收到学者们关注，研究成果多集中在将人工神经网络应用到不同领域，如帮助入侵检测系统实现较高的检测率和更强的稳定性[46]、快速准确诊断肺癌的研究[47]、基于人工神经网络的开发环境应急决策支持系统[48]。禁忌搜索算法在组合优化、调度问题、机器学习等领域具有显著地优势，因此该算法在这些方面得到了较多的研究。学者们利用禁忌搜索算法研究了课程时间表定制问题[49]、集装箱装载问题[50]、仓储系统的搬迁问题[51]、货物分配问题[52]等。

**（4）质量管理**

质量管理是指在质量方面指挥和控制组织的协调的活动，其研究已越来越受到重视，如今已应用于各行各业，发挥了巨大作用。近年来，学者们在质量管理领域的研究主要集中在自起动控制表研究、统计过程监测和产品质量控制三大方面。作为一种自起动方法，Q 表的 CUSUM 法通常被用来识别控制过程参数未知的情况下的进程转换。部分学者对其进行改进，如把 CUSUM 法与自适应变更参考值的特征结合识别未知参数进程的变动范围[53]、采用不同样本间隔的 Q 表的自适应 CUSUM 法监测正常分布变量的过程均值[54]。此外，合格的累积计数（CCC）图作为一个主要的统计过程控制工具管理高质量的流程图已被广泛研究[55]。在统计过程监测方面，统计过程调整（SPA）普遍用于新的制造领域，相关学者提出基于利用贝叶斯框架的参数估计[56]，利用神经网络辨识模型来监测在相关的过程均值和方差的变化[57]。在产品质量控制方面，如何控制产品质量及如何设计质量合同得到较多的关注[58]。

**（5）服务管理**

随着服务行业的快速发展，宾馆、铁路、航空运输等行业中的超额订购策略、收入管理、动态定价策略成为越来越多的学者关注的焦点。在当今竞争激烈的民用航空业市场，超额订购策略一直是航空公司用来解决不确定问题的常见方法。学者们研究了不同起飞时间的航班的最佳传输量[59]、多票单资源问题下的超订模型和票价类分配[60]、多阶段超订模型[61]等超额订购策略问题，取得了很好的效果。此外，收入管理方面的研究也是服务管理领域的一个热点。收入管理是在不同的时期、对具有不同需求的顾客采取不同的产品或服务定价，以产生最大收入或收益的综合计划策略[62, 63]。互联网的发展推动了商家定价模式的转型，而伴随着日益激烈的市场竞争、对客户群体的细分，这些都要求企业采用动态定价策略[64, 65]。

### 2. 学科重点研究领域进展分析

我国管理科学与工程学科重要领域中，除了上述的热点领域外还有一些新兴的研究领域也逐渐成为学者们关注的焦点，如计算实验金融、城市交通管理、智能知识管理、服务科学、低碳发展管理。这些新兴的领域也是相关基金重点部署的领域。在智能知识管理领域，国家自然科学基金委部署了创新群体项目；在服务科学领域，国家自然科学基金委部署了重大项目；在低碳发展管理领域，国家自然科学基金委和科技部都部署了重要项目；在城市交通管理领域，科技部部署了"973"计划项目。此外，一些管理科学与工程学科的传统领域，如项目管理、物流与供应链管理也是学者们关注的重点，由于在《管理科学与工程学科发展报告（2007—2008）》中已经对物流与供应链管理等领域进行了专题分析，本报告只选择项目管理，结合计算实验金融、城市交通管理、智能知识管理、服务科学、低碳发展管理等新兴领域，作为管理科学与工程的重点领域并进行专题分析。这些重点的领域的发展现状、国内外发展比较、发展趋势及对策等内容见专题报告。

### （1）计算实验金融

计算实验金融学将金融市场视为包含多个具有适应性的异质主体所组成的系统，它在既定的市场结构下，运用智能信息技术对这些主体的适应和学习行为及其交互作用进行微观建模，从而形成模拟金融市场（如模拟股票市场、外汇市场、期货市场等），通过在这种模拟市场中进行微观层次的实验（如异质主体的生态群落演变、个体学习特征、市场交易规则变化等）来揭示市场的动态特性及其成因。计算实验金融中的几个关键科学问题主要有：个体学习于金融市场的影响、"种群转换"对金融市场的影响、金融市场中的复杂网络的机制与影响和"情景－应对"思想的风险管理手段。

### （2）城市交通管理

近年来由于城市机动车数量的快速增加，城市交通拥堵逐步加剧，交通科学引起人们的广泛重视，各国学者做了大量的理论研究与应用工作。国内外专家学者在交通方式选择、出发时间决策、出行目的地选择和路径选择方面做了深入研究，取得了大量研究成果。学者们在交通需求引导方法方面做了大量研究，包括土地使用与网络规划、财政补贴、拥挤收费、停车管理、交通信息诱导以及信号控制等。公共交通作为一种运载能力大、运送效率高、运输成本低、环境污染小的交通方式，受到了学者的广泛关注。此外，公共交通的协同组织主要从常规公交与轨道交通的客流均衡、轨道交通末端衔接的可达性和小汽车交通向公共交通转移等方面进行了初步研究。面对复杂多变的交通系统，交通学者将可靠性概念引入交通研究，形成了一系列研究成果。

### （3）智能知识管理

智能知识管理是针对数据分析得到的衍生原始知识，结合规范知识（专家经验、领域知识、用户偏好、情境等因素），利用数据分析和知识管理的方法，对衍生原始知识进行提取、存储、共享、转化和利用，以产生有效的决策支持。智能知识管理强调数据挖掘结果的"二次"处理以及对数据挖掘中领域知识、经验知识等的重视。目前智能知识管理相关研究可以分为两个大类——领域驱动的数据挖掘和二次挖掘。领域驱动的数据挖掘指的是将知识管理的思想融入数据挖掘的建模过程，强调将专家经验、情境等软性因素加入到知识发现的过程中，以更好地支持现实中的决策。而二次挖掘则是以数据挖掘获得的"隐含规则"即"衍生原始知识"作为研究起点，对其进行测度、评价、加工与转化来获得支持智能决策的智能知识。从文献调研的情况来看，该部分的研究较领域驱动的数据挖掘研究少，主要集中在兴趣度评价、规则提取、可转化挖掘等方面。

### （4）服务科学

近年来，由于信息通讯技术的迅猛发展与广泛应用，服务业内部结构升级趋势明显，并带动现代服务业爆发式增长，人类的生活和工作方式发生了巨大的改变，因而对服务提出了更多更新的要求，于是服务科学领域的问题得到了社会各界日益广泛的关注。学者们对新服务开发／设计过程的研究更加专业化，主要基于不同视角提出具有高度适用性的模型，并着重强调资源在新服务开发／设计过程中的作用。一些学者研究了面向服务链（如物流服务供应链、服务外包链等）的服务组织协调与优化。此外，学者们大多围绕信息服务中的数据和信息质量展开许多研究。

（5）低碳发展管理

低碳发展是一种经济的发展方式，它不仅仅会改变我们的能源结构，改变我们的产品结构，而且更进一步改变人类的生产方式和消费方式，受到学者们广泛的关注。经济高速发展带来的能源供需矛盾突出、环境污染现象严重等问题受到关注，学者提出在当前的情况下，低碳发展是实现可持续发展一项非常重要的措施。近年来，该领域主要研究热点集中在低碳发展模式方面，认为低碳发展模式是针对化石能源利用高碳排放问题，实施低碳发展模式是一项复杂的系统工程，提出通过构筑低碳均衡达到"社会－经济－生态"的可持续发展。此外，学者还对低碳发展水平测度方面进行深入的研究。与此同时，减排的市场机制与政策等问题也成为学者们的重点研究对象。

（6）项目管理

项目管理作为管理科学的重要分支，其科学地位已经得到国内外管理学界的普遍认同。国际项目管理学界认为，项目管理就是以网络计划技术基础上逐步发展起来的。学者们近年来对于项目管理的研究主要集中在项目隐性工作、项目管理中的奇异现象和关键链项目缓冲管理上。为了控制工期和成本，人们开展了对"隐性工序"的研究，通过考虑各种人文因素的仿真，找出设计之初丢掉的时间——隐性工序的工期。另一个新方向是人们开始研究项目管理中的奇异现象，如"机动时间会越用越多"，从源头上弄清工期误差产生的原因。此外，对那些研究重大项目的工期和成本控制有重大作用的老方法如关键链法，矩阵法仍然是研究重点。随着国民经济发展的需要，对重大工程项目和复杂的工程设计项目的研究越来越成为人们关注的热点。

## （三）学科重要成果举例

近年来，管理科学与工程领域涌现出一批重要成果，有些已经跻身于国际学术前沿，在顶级期刊上发表论文并被广泛引用，有些立足中国管理实践，研究成果在对国民经济和社会发展产生了重要的积极影响。本节摘选了近年来两项获得国家自然科学奖或科技进步奖的成果进行介绍。

### 1. 基于行为的城市交通流时空分布规律与数值计算

由北京交通大学高自友教授和北京航空航天大学黄海军教授为课题第一、第二负责人主持完成的"基于行为的城市交通流时空分布规律与数值计算"荣获 2011 年国家自然科学奖二等奖。

研究城市交通流时空分布的目的是为了更好地了解现实中的交通现象，进而科学地制定交通控制措施和管理政策。由于城市交通涉及人、车、路和交通运行环境四者之间的相互作用，具有动态性、随机性和复杂性三大特点，因而其相关科学问题的研究极具挑战性。项目组经过近二十年的潜心研究，在城市交通流的时空分布规律方面取得了一批原创性的基础研究成果，突破了传统理论的限制。如构建了城市交通网络中多车种运量分布与分配的组合模型，解决了城市交通规划四阶段理论中各阶段之间不相容的缺陷；研究了基于网络备用能力的城市交通网络设计问题，避免了交通网络设计中的能力诡异现象；提出了一种新的求解大规模离散交通网络设计问题的计算方法，显著提高了运算效率；运用对偶理论将边际成本定价理论成功地推广到一般结构网络中，解决了多准则、多类别用户交通流运行中通过匿名拥挤收费实现系统最优的难题。项目共发表 SCI 检索的国际期刊论文 97 篇，其中 31 篇论文发表在国际交通科学与技术领域排名第一的学术期刊 Transportation Research–Part B 上，被他引 2483 次（其中 SCI 他引 1117 次），出版专著 4 部，其中英文专著 1 部。项目成果提升了人们对城市交通流时空分布规律的认识，对建立现代交通科学理论体系具有重要的指导意义，成果水平处于该领域国际领先。成果发表后，受到国际上许多著名学者的高度评价，并在国际上引出了一系列后续研究，有些模型与算法已经被嵌入国际著名交通软件。英国皇家工程院院士 Allsop 教授等认为："项目组研究成果在交通工程数学建模及应用方面达到最高水平，是 21 世纪中国科学家在国际学术前沿做出的创造性研究成果的杰出代表之一，所取得的创新性成果在相关领域极具挑战性。"

根据《国家科学技术奖励条例》，国家自然科学奖授予在基础研究和应用基础研究中阐明自然现象、特征和规律，做出重大科学发现的公民。其中，重大科学发现主要指前人尚未发现或者尚未阐明、具有重大科学价值、得到国内外自然科学界公认等。国家自然科学奖与国家发明奖、国家科学技术进步奖并称为国家科技三大奖，在我国科学技术奖励体系中居于最高等级。一年一度的国家自然科学奖励成果，代表了我国原始创新的最新成就和贡献。该项目成果属于管理科学研究类，作为自然科学与社会科学交叉学科领域，与自然科学的传统学科领域相比，管理科学研究历来获得国家自然科学奖励数量稀少，更显难能可贵。

### 2. 轿车整车自主开发系统的关键技术研究及其工程应用

由合肥工业大学杨善林教授及其团队完成的"轿车整车自主开发系统的关键技术研究及其工程应用"荣获 2008 年国家科技进步奖二等奖。

轿车整车开发过程是一个技术与管理深度融合的系统工程，它具有系统性、时效性、协同性和风险性等特征。轿车整车开发项目组合的战略选择、开发过程的分级优化、开发资源的动态调度、参与开发的多主体多部门的协同控制、开发过程的动态管理和决策支持系统的构建等都是开发具有自主知识产权轿车整车工程管理中必须解决的难题。项目组在深刻认识轿车整车开发工程特征和详细分析开发工程管理复杂性的基础上，项目组与企业技术人员密切合作，取得了一批重要研究成果。

构建了综合考虑"战略一致性、项目依赖性、需求多样性、多期滚动性"的项目组合的战略选择方法，设计了"系统分解、分级优化、动态控制、协同推进"的管理模式和"静 – 动"结合的优化调度方法，它能够更好地支撑企业实现以顾客为中心的正向设计理念，并能帮助企业提高复杂产品的开发效率。提出了轿车整车开发工程管理中的资源调度方法和基于事件的动态调度策略以及供应商的动态选择方法和协同过程管理方法，建立了基于目标任务、资源配置与过程控制的三维动态管理模型和工程管理规范，为提高轿车整车开发工程管理的科学化水平提供了技术和方法支撑。建立了相关的数据库、模型库、知识库、特征库和构件库等信息资源库，设计了基于信息资源库与决策方法库的决策支持系统结构和多阶段反馈式决策支持系统结构，创建了能够支持多主体协同设计和知识管理的轿车整车开发工程管理技术平台，促进了企业产品创新能力的提升。在上述理论与实践的基础上，项目组进行了系统的总结与升华，撰写出版了题为《复杂产品开发工程管理理论与方法》的专著，"首次全面地对复杂产品开发的工程管理构筑了一个学科框架"。

某汽车公司已将该成果运用于多系列车型的整车开发中，取得了显著效果。该公司评价：该成果"使我公司的整车开发周期缩短了 3 ~ 6 个月，降低开发成本 10% ~ 15%，同时提高了产品开发质量，降低了产品开发过程风险，提高了我公司的技术输出水平，已成为我公司的核心竞争力，产生了非常显著的经济效益和社会效益"。项目组在研发过程中，提炼出其中的关键科学问题，并进行了深入的理论研究，在国内外重要期刊和国际会议上发表被 SCI 收录的学术论文 41 篇，他引 489 次；发表被 EI 收录的学术论文 47 篇，他引 430 次；IEEE Fellow Ronald R.Yager 教授等著名学者在他们的研究论文中积极评价并引用了项目组的研究成果。

## 三、管理科学与工程学科国内外研究进展比较

高水平论文是科学研究的一个重要成果，因此本节从文献计量学的角度，利用管理科学与工程领域的高水平论文来分析管理我国科学与工程学科在世界上的地位和成果影响力，形成管理科学与工程学科国内外研究进展比较结论。

### （一）学科在世界的地位

本节中首先将我国大陆学者管理科学与工程领域期刊的发文数量和世界发文数量进行对比，然后与 6 个主要发达国家或地区的数据进行对比，这 6 个国家或地区是美国、加拿大、日本、韩国以及中国香港特别行政区和中国台湾。图 3 给出了 2007—2012 年我国大陆以及世界的发文量。

从表 5 和图 3 中可以看出 2007—2012 年大陆发文量不断增长，世界发文量也不断增长，但是由于中国内地的增长速度高于世界的增长速度，中国大陆发文量占世界发文量的比例不断增加，从 2007 年的 11.24% 增加到 2012 年的 16.55%，成为世界范围内发文数量第二的国家。另外一方面，中国内地的发文量占整个中国发文量的比例也不断增加，从 2007 年的 83.31% 增加到 2012 年的 87.47%。

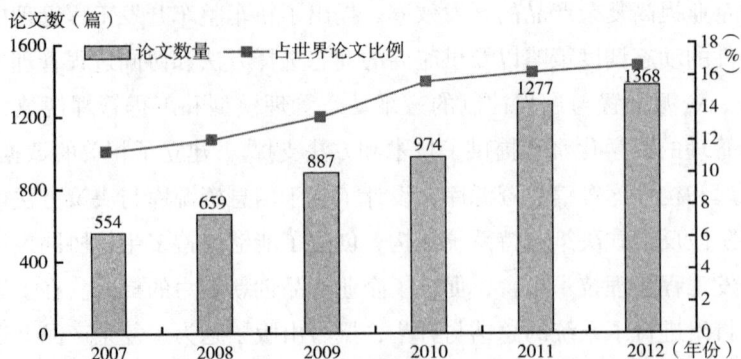

图 3　我国大陆学者在管理科学与工程领域期刊论文及占世界论文比的增长情况

　　表 4 展示了中国大陆以及其他 6 个国家或地区 2007—2012 年的管理科学与工程领域总发文量，并根据表 4 的数据得到图 4。

表 4　我国大陆学者在管理科学与工程领域期刊的发文对比情况

单位：篇

| 年　份 | 美　国 | 中国大陆 | 加拿大 | 中国香港 | 日　本 | 韩　国 | 中国台湾 |
|---|---|---|---|---|---|---|---|
| 2007 | 1716 | 554 | 354 | 215 | 167 | 198 | 436 |
| 2008 | 1835 | 659 | 429 | 234 | 152 | 188 | 628 |
| 2009 | 1827 | 887 | 466 | 263 | 190 | 256 | 890 |
| 2010 | 1762 | 974 | 408 | 265 | 156 | 243 | 705 |
| 2011 | 1760 | 1277 | 461 | 332 | 133 | 279 | 780 |
| 2012 | 1926 | 1368 | 468 | 377 | 195 | 287 | 567 |
| 总计 | 10826 | 5719 | 2586 | 1686 | 993 | 1451 | 4006 |

　　从表 4 和图 4 中可以看出，美国的发文量在 2007—2012 年一直处于领先的地位，远高于其他国家或地区。另外在 2007—2012 年，其他 6 个对比国家或地区的发文量都比较

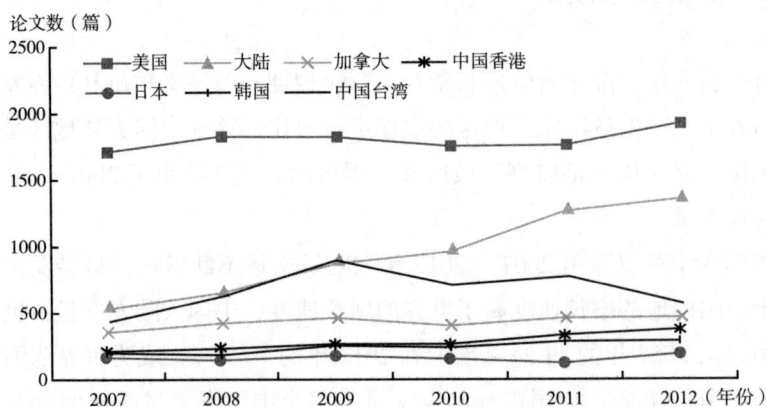

图 4　我国大陆学者在管理科学与工程领域期刊的发文对比情况

稳定，只有中国大陆呈现出一个明显的稳定增长趋势，从 2007 年的 554 篇增长到了 2012 年的 1368 篇，与美国的差距不断缩小。除了 2009 年中国台湾地区略高于大陆，其他年份大陆的发文量仅次于美国。

从上述分析可以看出，中国大陆在管理科学与工程领域的发文量近年来一直保持着稳定增长的趋势，与发文量世界第一的美国的差距不断缩小，已成为世界上发文量第二的国家。

### （二）学科重要成果影响力比较分析

论文引用情况一定程度上反映了科研成果的影响力。论文引用次数越高，说明该科研成果越有影响力，反之，论文引用次数越低，说明该成果越缺乏影响力。因此本节统计了中国大陆以及其他 6 个国家或地区的论文被引用情况来探讨中国内地的成果影响力。

表 5 给出了我国大陆学者和其他 6 个国家或地区在管理科学与工程领域期刊发表的论文被引用次数从 0 到 10 的占比。根据表 7 中的数据我们可以得到图 5。图 5 给出的是各个国家或地区被引用次数大于 10 的文章数量占比。

表 5　我国大陆管理科学与工程领域论文被引用情况（2007—2012）

| 引用次数 | 论文占总论文比重（%） | | | | | | |
|---|---|---|---|---|---|---|---|
| | 加拿大 | 中国香港 | 日本 | 韩国 | 中国台湾 | 美国 | 中国大陆 |
| 大于等于 10 | 3.07 | 3.52 | 4.00 | 2.69 | 3.09 | 3.95 | 2.96 |
| 9 | 0.86 | 0.67 | 0.82 | 0.62 | 0.37 | 0.97 | 0.44 |
| 8 | 1.16 | 1.20 | 1.54 | 0.62 | 0.87 | 1.27 | 1.22 |
| 7 | 1.12 | 1.80 | 1.13 | 1.45 | 1.61 | 1.90 | 1.38 |
| 6 | 1.89 | 3.14 | 3.18 | 0.41 | 1.73 | 2.34 | 1.88 |
| 5 | 2.92 | 2.69 | 2.67 | 0.41 | 2.22 | 3.31 | 2.27 |
| 4 | 4.35 | 4.86 | 4.72 | 3.93 | 4.20 | 5.12 | 3.70 |
| 3 | 6.41 | 4.71 | 6.37 | 4.96 | 6.06 | 6.63 | 5.94 |
| 2 | 10.13 | 10.62 | 12.22 | 9.30 | 11.37 | 12.23 | 9.53 |
| 1 | 20.52 | 20.34 | 19.82 | 21.90 | 19.78 | 21.69 | 18.62 |
| 0 | 47.58 | 46.45 | 43.53 | 53.72 | 48.70 | 40.59 | 52.06 |

根据表 5 和图 5 的统计结果，中国大陆影响力强（被引用次数大于等于 10）的论文数目占我国大陆总论文数目的 2.96%。在对比的 6 个国家或地区中仅高于韩国，和其他国家或地区还有一定差距。而中国大陆被引次数为 0 的论文却在总论文数中占到了较大的比例，占到了 52.06%，略优于韩国。从上述的分析中可以看出，我国的管理科学与工程领域期刊论文被引用次数大于 10 的文章达到 2.96%，说明我国管理科学领域已经出现了一些有较大影响的科研成果。

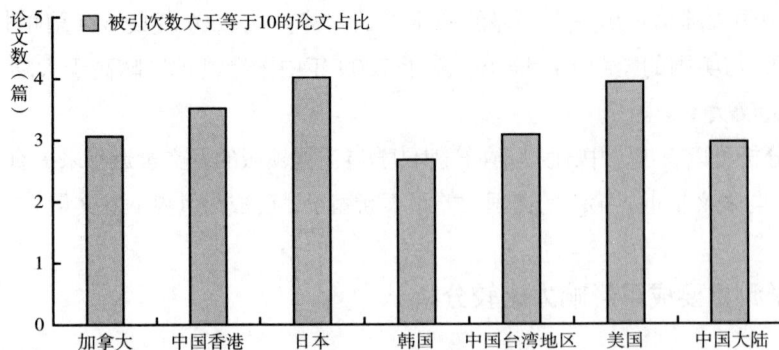

图5 不同国家或地区管理科学与工程领域重要成果被引情况对比

### （三）学科重点研究领域比较分析

通过对管理科学与工程领域高水平论文中的关键词进行对比分析，本节对比了我国与其他主要发展国家或地区管理科学与工程学科重点研究领域的异同点。表6中分别选取了中国大陆、美国、加拿大、中国香港特别行政区、日本、韩国和中国台湾地区等国家或地区管理科学与工程领域的高频关键词，作为对比分析我国与其他国家或地区管理科学与工程学科重点研究领域差异的依据。

表6 主要发达国家或地区管理科学与工程学科高频关键词对比

| 序号 | 中国大陆 | | 美 国 | | 加拿大 | | 中国香港 | | 日 本 | | 韩 国 | | 中国台湾 | |
|---|---|---|---|---|---|---|---|---|---|---|---|---|---|---|
| | 关键词 | 词频 | 关键词 | 词频 | 关键词 | 词频 | 关键词 | 词频 | 关键词 | 词频 | 关键词 | 词频 | 关键词 | 词频 |
| 1 | 调度 | 94 | 供应链管理 | 134 | 调度 | 38 | 供应链管理 | 50 | 数据包络分析 | 15 | 数据挖掘 | 29 | 遗传算法 | 102 |
| 2 | 遗传算法 | 76 | 优化 | 121 | 优化 | 33 | 调度 | 32 | 线性规划 | 13 | 供应链管理 | 24 | 数据挖掘 | 87 |
| 3 | 支持向量机 | 71 | 调度 | 107 | 供应链管理 | 28 | 遗传算法 | 26 | 博弈论 | 9 | 遗传算法 | 17 | 库存 | 60 |
| 4 | 供应链管理 | 58 | 模拟 | 107 | 禁忌搜索 | 27 | 定价 | 20 | 全局收敛 | 7 | 调度 | 15 | 调度 | 59 |
| 5 | 粒子群算法 | 54 | 整数规划 | 96 | 模拟 | 24 | 优化 | 17 | 动态规划 | 7 | 优化 | 11 | 粒子群算法 | 51 |
| 6 | 优化 | 51 | 启发式算法 | 89 | 启发式算法 | 22 | 模拟 | 15 | 不动点 | 7 | 启发式算法 | 11 | 数据包络分析 | 46 |
| 7 | 数据包络分析 | 50 | 动态规划 | 79 | 定价 | 21 | 无线射频识别 | 15 | 调度 | 6 | 模拟 | 10 | 供应链管理 | 29 |
| 8 | 博弈论 | 46 | 定价 | 78 | 列生成算法 | 21 | 粒子群算法 | 15 | 非扩张映射 | 6 | 支持向量机 | 10 | 神经网络 | 29 |
| 9 | 库存 | 45 | 博弈论 | 76 | 车辆路径 | 21 | 博弈论 | 13 | 金融 | 6 | 计算复杂性 | 9 | 优化 | 27 |
| 10 | 线性矩阵不等式 | 41 | 随机规划 | 69 | 博弈论 | 21 | 动态规划 | 13 | 库存 | 6 | 决策树 | 9 | 模糊集 | 21 |

从各个国家或地区在管理科学与工程领域发文的关键词的不同，也可以从一定程度上了解各个国家或地区的研究重点领域[66, 67]。表6列出了中国以及其他6个国家或地区出现频率最多的10个关键词。从表6中我们可以看出，各个国家或地区的关键词都有所不同，但还有部分高频关键词是相同的，这说明我国管理科学与工程领域的研究内容与国外相比，既有共同点，又有自己的特色，本节将重点比较分析我国管理科学与工程领域研究内容与国外研究内容之间的异同点。

目前关于管理科学与工程学科子领域的划分有很多种，比较常用的是采用国家自然科学基金委二级学科的分类方法。本节借鉴国家自然科学基金委二级学科代码的划分规则，对我国与国外其他国家或地区论文的关键词进行归类，并分析其中的主要内容，综合对比国内外研究进展。在上述关键词词频分析的基础上，结合国家自然科学基金委对管理科学与工程学科领域的划分，总结国外管理科学与工程领域的热点领域，具体如表7所示。

表 7　国内外管理科学与工程领域研究热点问题

| 国　　外 | | 中　　国 | |
|---|---|---|---|
| 排序 | 研究领域 | 排序 | 研究领域 |
| 1 | 运筹与管理 | 1 | 运筹与管理 |
| 2 | 物流与供应链管理 | 2 | 物流与供应链管理 |
| 3 | 对策理论与方法 | 3 | 对策理论与方法 |
| 4 | 运作管理 | 4 | 系统可靠性与管理 |
| 5 | 系统可靠性与管理 | 5 | 预测理论与方法 |
| 6 | 风险管理技术与方法 | 6 | 风险管理技术与方法 |
| 7 | 预测理论与方法 | 7 | 工业工程与管理 |
| 8 | 工业工程与管理 | 8 | 决策理论与方法 |
| 9 | 决策理论与方法 | 9 | 评价管理 |
| 10 | 金融工程 | 10 | 管理复杂性研究 |

表7中分别给出了国内外管理科学与工程领域的研究热点，从中可以发现排序靠前的运筹与管理、物流与供应链管理、对策理论与方法等领域都是热点问题，结合前文的关键词词频统计可以进一步发现，这些领域的研究成果主要集中在基本理论和方法上的研究。通过对比发现，部分领域是国外热点问题而国内尚未成为热点问题，同时也有部分领域在国外是非研究热点而国内成为研究热点问题，进一步将对比结果总结如表8所示。

表8　国内外管理科学与工程领域研究热点的比较

| 类　　　　型 | 研　究　领　域 |
|---|---|
| 国内外共同的热点问题 | 运筹与管理、物流与供应链管理、对策理论与方法 |
| 国外热点问题、国内尚未成为热点问题 | 运作管理、金融工程、项目管理 |
| 国外非研究热点、国内成为研究热点问题 | 评价管理、管理复杂性研究 |

表8中的结果表明，在运作管理、金融工程、项目管理等领域，国外研究成果较多，成为研究热点，而国内的研究成果较少。进一步分析发现，运作管理、金融工程在国外一直属于优势学科，我们近几年才逐渐发展起来。此外，项目管理在我国管理科学领域一直是一个重要领域，但是偏重于实践管理，相关研究成果较少。通过对比发现，也有部分领域在我国属于热点问题，而在国外是非热点问题。我国管理科学研究在强调跻身国际学术前沿的同时，一直也注重立足中国管理实践，面对我国管理实践的需要，部分领域逐渐成为研究热点。

## 四、管理科学与工程学科发展趋势及展望

### （一）管理科学与工程学科未来发展趋势

未来10年是我国科学技术发展的重大战略机遇期，经济与社会快速发展对管理科学与工程学科研究提出了许多新的需求。在结合国内外管理科学与工程学科研究状况等综合因素的基础上，认为管理科学与工程学科未来发展趋势包括以下几个方面：

#### 1. 适应新的技术发展需求

当前以计算机和网络为代表的信息技术，各种高新技术的高速发展，对整个人类社会产生了极其深刻的印象，人类社会已经步入了信息经济时代。同时由于经济全球化，信息经济对各个国家都将产生巨大的影响，基于信息的经济政治成为主流经济。信息技术和知识资本的发展，不仅丰富了管理科学的研究内容，而且给管理科学研究提出了许多新课题。

#### 2. 加强学科交叉研究

当代科学技术发展规律表现出不同学科、不同技术领域相互渗透、结合、交叉以至融合的特点，特别是自然科学、技术科学、工程科学以及人文社会科学间的相互交叉与融合。管理科学与工程学科与其他学科的交叉、融合能够推动其他学科研究成果的应用研究，为其他学科的发展增添活力和动力，同时也为本学科的发展提供理论、方法、实践等

多方面的有力支持，为本学科的发展提供了更广阔的空间和奠定了更坚实的基础。通过大力推动学科交叉，才有可能在国际上提出若干新的学科方向，从而推动管理科学和相关学科的发展，并且为解决我国社会和经济发展中的重要问题作出更大的贡献。

### 3. 立足于中国管理实践

管理科学与工程学科的最重要的发展动力之一是管理实践，只有立足于我国管理实践，立足于国家长远需求，注重管理科学的研究与国家社会经济发展目标的紧密结合，注重解决我国的经济社会发展中的重大现实问题，研究如何满足发展的需要，指导甚至超前指导管理的实践，防止管理研究与实践的脱节，才能创造出适应未来发展特点、具有中国特色的管理科学与工程研究成果，才能更好地推动管理科学与工程学科的发展。

### 4. 开展广泛的国际合作

虽然近年来我国管理科学与工程学科研究取得了长足的进步，高水平论文的发文数量已经居世界第二位，但是在研究质量上离世界主要发达国家和地区还有一定的距离。在管理科学与工程领域的顶级期刊上，我们学者的发文还有待于进一步发展。在重要的理论和方法的研究中，还鲜见我国管理科学工程学科研究人员的声音。未来一段时间，我国管理科学与工程学科研究要有国际视野，注重开放环境，研究过程中需要广泛吸收国外先进理论与方法，广泛开展国际合作和学术交流，充分利用国际资源来提升我们的研究水平。

## （二）管理科学与工程学科未来重点研究方向

在采纳现有研究成果的基础上[68]，提出了管理科学与工程学科未来重点研究方向应该包括：

### 1. 基于中国实践的管理理论

对中国本土管理现象的观察、总结、提炼是我国管理科学与工程学科理论发展与创新的新源泉，是我国学者为人类管理科学做出贡献的重要途径。在研究过程中，要求使用严格的规范方法，在考虑近现代中国管理科学与管理思想发展历史的基础上，搜集实际情况、案例与数据，进行实证研究，为理论的实践应用做出可验证的成果。

### 2. 复杂管理系统的研究方法及方法论

实践证明，传统管理理论将研究对象看成简单系统的假设是不可靠的。复杂性科学和信息技术的发展为管理科学与工程学科的发展提供了有力支撑。未来一段时间内，运用复杂性科学的原理，通过微观建模、行为实验、计算仿真等方法从管理组织内容各单元的相互作用及组织与环境的相互作用中寻找组织的管理活动发展进化的动因及规律，是一个重要的研究方向。

### 3. 具有行为复杂性的管理问题

现实生活中，人们面临的是一个复杂的、不确定的世界，决策者对环境的计算能力和认识能力也是有限的。经典的管理科学理论中理性人假设已经被突破，行为及其所产生的复杂性成为今后一段时间里，我国管理科学与工程学科的重要研究内容。

### 4. 后金融危机时代的风险与危机管理

在后危机时代，风险管理和危机管理已经成为各行各业的研究重点和热点。研究内容从注重数量风险测度模型到注重数量风险测度与从社会和组织内容上探索和解释风险行为并重。未来的研究过程中，针对极端事件下的风险度量和控制方法、动态风险度量和控制技术、组织风险承受能力分析等内容将是未来一段时间内我国管理科学与工程领域专家重点关注的问题。

### 5. 服务科学的新发展

服务科学的基础理论研究是通过分析服务过程、有效管理服务系统来实现服务效率最大化，同时也为服务创新提供基础平台。未来一段时间内，服务科学的重点将是关注如何解决服务特性所带来诸多问题，为人们提供科学分析服务、有效管理服务，并提供服务创新和流程设计最大化服务资源整合所形成的生产力。

### 6. 网络信息环境下的决策与知识管理

随着计算机通信技术的不断发展，以及 Web 2.0、物联网等新概念和新技术的提出，一方面增加了传统管理环境的复杂性，给管理和决策中多个方面或环节带来了新的科学问题；另一方面，新的技术给组织内部管理过程中产生大量复杂的数据，如大数据问题，使得传统的信息系统建设方法、数据挖掘技术、决策支持技术都有待于进一步研究和拓展。

## （三）促进我国管理科学与工程发展战略措施

随着信息技术和知识资本的发展，复杂多变和网络环境不仅丰富了管理科学与工程的研究内容，而且给管理科学与工程研究提出了新的挑战，给出了许多新课题。中国在国际上的地位飞速提升，经济发展成就举世瞩目，其改革实践的独特性及重要地位使得中国管理科学与工程的研究受到国际学术界的关注，也为我国在这方面的研究提供了良好的研究素材。从这个层面上将，我国的管理科学与工程在满足实践需求方面也存在着很大的不足，需要大力推进我国的管理科学与工程学科的建设。为促进我国管理科学与工程学科的发展，提出以下措施。

### 1. 注重管理科学的研究与国家社会经济发展目标的紧密结合

管理科学与工程学科的最重要的发展动力之一是管理实践，只有将管理科学与工程的理论与方法的研究、管理知识的教育与管理人才的培养、管理实践三者有机结合，才能更好地推动管理科学与工程学科的发展。

我国将在 21 世纪中国特色社会主义道路上实现中华民族的伟大复兴，在完成此目标的伟大实践中，我国必须应对一系列的挑战。在新形势下，需要结合我国社会经济发展中的特色进行创新，将管理科学与工程的研究紧密结合国家经济社会的发展，注重解决现实发展中的重大问题，研究如何满足发展的需要，指导甚至超前指导管理的实践，防止管理研究与实践的脱节，只有这样才能创造出适应未来发展特点、具有中国特色的管理科学与工程研究成果。

### 2. 扩大资助渠道，改善资助结构

拓宽现有主要由国家基金委、教育部为主的资助渠道，加大资助力度，鼓励科学家潜心进行基础研究；鼓励管理科学与工程学科研究者在国际上发表自己的研究成果；鼓励科学家开展原始创新研究，并持续开展项目结题的绩效评估；对于研究基础较好、具有研究潜力的研究项目和队伍进行长期的持续支持。根据基础研究发展需要，积极争取持续加大对管理科学与工程学科的投入，为实现全面发展提供经费保障。

### 3. 加强人才队伍建设

强化对项目的审批、检查、评估等各环节的力度，提高青年人才队伍和地区人才队伍的学术水平；更多地加强对有一定国际影响力和有较高学术积累的学术团队和学者的资助，提高我国管理科学与工程学科的原始创新能力，提升国内管理科学与工程学科的国际影响力。探索适宜机制，加大力度引进国外高水平学者，特别是将帅型人才。

与此同时，要加强我国管理科学与工程学科建设和研究生培养工作，以后应更加注重内涵式发展，在学科发展上注重层次的提升，控制研究生招生规模，加强国内研究生培养质量。建立更为有效和科学考核机制，加强导师队伍建设，设立长效发展机制。

### 4. 加强学科交叉，努力开创新学科方向

当代科学技术发展规律表现出不同学科、不同技术领域相互渗透、结合、交叉以至融合的特点，特别是自然科学、技术科学、工程科学以及人文社会科学间的相互交叉与融合。管理科学与工程学科与其他学科的交叉、融合能够推动其他学科研究成果的应用研究，为其他学科的发展增添了活力和动力，同时也为本学科的发展提供了理论、方法、实践等多方面的有力支持，为本学科的发展提供了更广阔的空间并奠定了更坚实的基础。此外，通过大力推动学科交叉，才有可能在国际上提出若干新的学科方向，从而推动管理科学和相关学科的发展，并且为解决我国社会与经济发展中的重要问题作出更大的贡献。

### 5. 推进国际学术交流与合作

提倡规范性研究，重视研究方法与国际接轨，定期举办研究方法论讲习班，邀请国际

知名学者交流研究方法，提高管理科学与工程学科的整体学术水平。鼓励更多科研人员走出国门，向国外优秀学者学习先进的管理科学理论、方法和工具。

### 6. 发挥各学术团体的积极作用

目前仅在中国科协下的一级学会中，有中国优选法统筹法与经济数学研究会、中国系统工程学会、中国运筹学会、中国管理现代化研究会等从事与管理科学与工程相关的研究与普及工作，应积极鼓励他们开展各类学术活动，打造世界知名的学术品牌；鼓励各学会之间的协作和资源共享；注意吸收有良好学术背景的研究人员进入学会工作等。

## 附件1：管理科学与工程领域主要协会组织

### 一、中国优选法统筹法与经济数学研究会

20世纪60年代，我国著名数学家华罗庚教授为首率先开展优选学、统筹学、经济数学的理论研究，并组织小分队先后到23个省、直辖市、自治区结合我国的实际情况推广"双法"（优选法和统筹法）工作，"双法"成功地应用于化工、电子、冶金、煤炭、石油、电力、机械制造、交通运输、粮油加工、建材、医药卫生、环境保护、农林牧畜、国防工业和科学研究等方面，取得了丰硕成果。1981年成立了中国优选法统筹法与经济数学研究会，首任理事长为华罗庚教授，现任理事长为蔡晨研究员。中国优选法统筹法与经济数学研究会现有会员1.6万多人，设有省市分会15个，并有项目管理、计算机模拟、军事运筹、决策信息、工业工程、高等教育、经济数学等12个专业分会。主办科技期刊《中国管理科学》、科普期刊《数理天地》。

中国优选法统筹法与经济数学研究会成立以来，积极研究和推广应用"双法"，坚持为国民经济建设服务的方向，开展企业优选、统筹、管理科学的研究和应用，对国家重大决策项目和宏观决策问题进行研究，有力地促进我国优选法与管理科学的发展，并为国民经济作出了重要贡献。研究会作为牵头学会成功地开展了对国家重大项目的咨询论证，在社会上有较大影响，组织完成项目先后获得国家科技进步奖5项（一等奖1项，二等奖3项，三等奖1项），院、部科技进步奖14项（一等奖7项，二等奖6项，三等奖1项）。

研究会网址：http：//www.scope.org.cn/。

### 二、中国管理现代化研究会

中国管理现代化研究会成立于1978年11月，是由中国科协主管、国家民政部备案的管理学领域国家一级民间学术组织。学会以管理科学的学术科研、实践经验的总结与交流为主要业务，以推动中国管理科学发展，提升中国管理水平为宗旨。它是中国管理学界科技工作

者、企业管理精英、政府及其他各类组织管理者和管理科学爱好者交流、发展的平台。

中国管理现代化研究会于 2010 年 11 月全国会员代表大会选举出第五届理事会，并推选成思危担任学会名誉理事长，赵纯均为理事长。研究会现有 18 个专业委员会和分支机构，179 名理事，其中 79 名常务理事。学会挂靠中国科学院大学管理学院。

研究会网址：http://1808662.103.sqnet.cn/。

### 三、中国系统工程学会

中国系统工程学会是中国系统科学和系统工程科学技术工作者的学术性社会团体，是中国科学技术协会的组成部分。1979 年由钱学森、宋健、关肇直、许国志等 21 名专家、学者共同倡议并筹备。1980 年 11 月 18 日在北京正式成立，由自然科学领域的科学家钱学森和社会科学领域的经济学家薛暮桥担任名誉理事长，充分体现系统工程跨部门、跨领域交叉学科性质特点。

中国系统工程学会旨在团结广大系统科学和系统工程科技工作者，促进系统工程的发展，繁荣系统科学事业，促进系统工程学科知识的普及与推广，促进系统工程人才的成长与提高，以提高我国宏观管理技术水平，为国民经济建设和四个现代化服务。学会的主要任务是围绕本学科领域组织开展国内外学术交流、促进理论与应用研究、科技普及、教育培训、书刊编辑、决策咨询、项目论证、成果鉴定、资格评审、国际合作、科技服务。

研究会网址：http://www.sesc.org.cn/。

### 四、中国运筹学会

中国运筹学会是中国运筹学工作者的学术性群众团体，是依法成立的社团法人，是发展中国运筹学事业的一支重要社会力量，是中国科学技术协会的组成部分。

1991 年，中国运筹学会成立。中国运筹学会积极组织广大运筹学工作者，广泛开展国内外学术交流活动。中国运筹学会现有专业委员会 13 个、地方分会 12 个，团体会员 14 个，个人会员 1500 多人，集中了全国运筹学最优秀的科研人员。同时，中国运筹学会还主办《运筹学学报》和《运筹与管理》两份杂志。2013 年，中国运筹学会创办了新的英文期刊 *Journal of the OR Society of China*（JORSC）。

研究会网址：http://www.orsc.org.cn/。

## 附件 2：管理科学与工程领域重要研究机构

目前，我国管理科学与工程学科已经建立了一支较为成熟的研究队伍，重点大学的管理学院和一些有影响的科研院所是我国管理科学与工程学科的主要研究力量。

我国管理科学与工程领域重要机构——高校 *

| 学校代码 | 学校名称 | 学科整体水平得分 | 学校代码 | 学校名称 | 学科整体水平得分 |
|---|---|---|---|---|---|
| 10003 | 清华大学 | 92 | 10145 | 东北大学 | |
| 10056 | 天津大学 | | 10217 | 哈尔滨工程大学 | 75 |
| 10335 | 浙江大学 | 84 | 10486 | 武汉大学 | |
| 10698 | 西安交通大学 | | 10497 | 武汉理工大学 | |
| 90002 | 国防科学技术大学 | | 10001 | 北京大学 | |
| 10006 | 北京航空航天大学 | | 10005 | 北京工业大学 | |
| 10248 | 上海交通大学 | 83 | 10008 | 北京科技大学 | |
| 10359 | 合肥工业大学 | | 10251 | 华东理工大学 | 73 |
| 10213 | 哈尔滨工业大学 | | 10252 | 上海理工大学 | |
| 10247 | 同济大学 | | 10699 | 西北工业大学 | |
| 10358 | 中国科学技术大学 | 81 | 10055 | 南开大学 | |
| 10533 | 中南大学 | | 10079 | 华北电力大学 | |
| 10286 | 东南大学 | 80 | 10151 | 大连海事大学 | |
| 10007 | 北京理工大学 | | 10183 | 吉林大学 | |
| 10141 | 大连理工大学 | | 10255 | 东华大学 | |
| 10246 | 复旦大学 | 78 | 10288 | 南京理工大学 | |
| 10287 | 南京航空航天大学 | | 10299 | 江苏大学 | 71 |
| 10487 | 华中科技大学 | | 10386 | 福州大学 | |
| 10013 | 北京邮电大学 | | 10421 | 江西财经大学 | |
| 10284 | 南京大学 | | 10422 | 山东大学 | |
| 10290 | 中国矿业大学 | 76 | 10491 | 中国地质大学 | |
| 10610 | 四川大学 | | 10700 | 西安理工大学 | |
| 10611 | 重庆大学 | | 11414 | 中国石油大学 | |

* 2012 年教育部对管理科学与工程学科评估结果。

| 序号 | 学　校　名　称 | 网　　址 |
|---|---|---|
| 1 | 中国科学院大学管理学院 | http://www.mscas.ac.cn/ |
| 2 | 中国科学院数学与系统科学研究院 | http://www.amss.ac.cn/ |
| 3 | 中国科学院科技政策与管理科学研究所 | http://www.casipm.ac.cn/ |

# 参 考 文 献

［1］中国优选法统筹法与经济数学研究会. 2007—2008 管理科学与工程学科发展报告［M］. 北京：中国科学技术出版社，2008.

［2］Li H Z, Wang S Y, Xu L D. Management science and operations research in China［J］. European Journal of Operational Research, 2000, 124（2）：221-223.

［3］国家自然科学基金委员会管理科学部. 管理科学发展战略——暨管理科学"十一五"优先资助领域［M］. 北京：科学出版社，2006.

［4］Wang J, Yan R, Hollister K, et al. A historic review of management science research in China［J］. Omega, 2008, 36（6）：919-932.

［5］吴善超，刘作仪. 在破解中国特色管理难题中探索创新：基于一项国家自然科学奖励成果的分析［J］. 管理科学学报，2012，15（12）：91-95.

［6］刘作仪. 2011 年我国管理科学青年学者取得的巨大成就［J］. 管理科学学报，2011，14（9）：86-90.

［7］刘作仪，吴登生，李建平. 2001—2010 年我国管理与运筹学研究态势的计量分析：基于 Web of Science 数据［J］. 北京理工大学学报（社会科学版），2012，14（1）：1-8.

［8］Eto H. Authorship and citation patterns in Management Science in comparison with operational research［J］. Scientometrics, 2002, 53（3）：337-349.

［9］张玲玲，刘作仪，李若筠等. 我国管理科学与工程学科的发展现状与趋势：基于专家调查问卷的分析［J］. 公共管理学报，2006，3（1）：99-106.

［10］余丛国，席酉民. 国内外管理科学与工程研究热点的比较分析［J］. 科学学研究，2002，20（4）：406-410.

［11］张玲玲，房勇，杨涛，等. 管理科学与工程热点研究领域的文献计量分析［J］. 管理学报，2005，2（4）：379-385.

［12］Wang H Y, Liu D C, Xing T, Zheng L. A dynamic model for serial supply chain with periodic delivery policy［J］. International Journal of Production Research, 2010, 48（3）：821-834.

［13］Xu D H, Yin Y Q, Li H X. Scheduling jobs under increasing linear machine maintenance time［J］. Journal of Scheduling, 2010, 13（4）：443-449.

［14］Gu J W, Gu M Z, Cao C W, et al. A Novel Competitive Co-evolutionary Quantum Genetic Algorithm for Stochastic Job Shop Scheduling Problem［J］. Computers & Operations Research, 2010, 37（5）：927-937.

［15］Lei D M. A genetic algorithm for flexible job shop scheduling with fuzzy processing time［J］. International Journal of Production Research, 2010, 48（10）：2995-3013.

［16］Wang J B. Single-machine scheduling with a sum-of-actual-processing-time-based learning effect［J］. Journal of the Operational Research Society, 2010, 61（1）:172-177.

［17］Zhang X G, Yan G L, Huang W Z, et al. Single-machine scheduling problems with time and position dependent processing times［J］. Annals of Operations Research, 2011, 186（1）：345-356.

［18］ Li C L, Wang X L. Scheduling parallel machines with inclusive processing set restrictions and job release times ［J］. European Journal of Operational Research, 2010, 200（3）: 702–710.

［19］ He J L, Chang D F, Mi W J, et al. A hybrid parallel genetic algorithm for yard crane scheduling ［J］. Transportation Research Part E: Logistics and Transportation Review, 2010, 46（1）: 136–155.

［20］ Cao J X, Lee D H, Chen J H, et al. The integrated yard truck and yard crane scheduling problem: Blenders' decomposition–based methods ［J］. Transportation Research Part E: Logistics and Transportation Review, 2010, 46（3）: 344–353.

［21］ Han X L, Lu Z Q, Xi L F. A proactive approach for simultaneous berth and quay crane scheduling problem with stochastic arrival and handling time ［J］. European Journal of Operational Research, 2010, 207（3）: 1327–1340.

［22］ Lu Z Q, Han X L, Xi L F, et al. A heuristic for the quay crane scheduling problem based on contiguous bay crane operations ［J］. Computers & Operations Research, 2012, 39（12）: 2915–2928.

［23］ Zhou Z L, Li L. Optimal cyclic single crane scheduling for two parallel train oilcan repairing lines ［J］. Computers & Operations Research, 2012, 39（8）: 1850–1856.

［24］ Guo H X, Zhu K J, Ding C, et al. Intelligent optimization for project scheduling of the first mining face in coal mining ［J］. Expert Systems with Applications, 2010, 37（2）: 1294–1301.

［25］ Fang C, Wang L. An effective shuffled frog–leaping algorithm for resource–constrained project scheduling problem ［J］. Computers & Operations Research, 2012, 39（5）: 890–901.

［26］ Xu J P, Zhang Z. A fuzzy random resource–constrained scheduling model with multiple projects and its application to a working procedure in a large–scale water conservancy and hydropower construction project ［J］. Journal of Scheduling, 2012, 15（2）: 253–272.

［27］ Yan P Y, Chu C B, Yang N D, et al. A branch and bound algorithm for optimal cyclic scheduling in a robotic cell with processing time windows ［J］. International Journal of Production Research, 2010, 48（21）: 6461–6480.

［28］ Zhang Z C, Zheng L, Hou F, et al. Semiconductor final test scheduling with Sarsa（lambda, k）algorithm ［J］. European Journal of Operational Research, 2011, 215（2）: 446–458.

［29］ Yao S Q, Jiang Z B, Li N, et al. A multi–objective dynamic scheduling approach using multiple attribute decision making in semiconductor manufacturing ［J］. International Journal of Production Economics, 2011, 130（1）: 125–133.

［30］ Vetschera R, Chen Y, Hipel K W, et al. Robustness and information levels in case–based multiple criteria sorting ［J］. European Journal of Operational Research, 2010, 202（3）: 841–852.

［31］ Yu L, Wang S Y, Wen F H, et al. Genetic algorithm–based multi–criteria project portfolio selection ［J］. Annals of Operations Research, 2012, 197（1）: 71–86.

［32］ Ye J. Fuzzy decision–making method based on the weighted correlation coefficient under intuitionistic fuzzy environment ［J］. European Journal of Operational Research, 2010, 205（1）: 202–204.

［33］ Fan Z P, Liu Y, Feng B. A method for stochastic multiple criteria decision making based on pairwise comparisons of alternatives with random evaluations ［J］. European Journal of Operational Research, 2010, 207（2）: 906–915.

［34］ Ergu D J, Kou G, Peng Y, et al. A simple method to improve the consistency ratio of the pair–wise comparison matrix in ANP ［J］. European Journal of Operational Research, 2011, 213（1）: 246–259.

［35］ Chen X H, Wang X D, Wu D S. Credit risk measurement and early warning of SMEs: An empirical study of listed SMEs in China ［J］. Decision Support Systems, 2010, 49（3）: 301–310.

［36］ Guo L. Capturing Consumption Flexibility in Assortment Choice from Scanner Panel Data ［J］. Management Science, 2010, 56（10）: 1815–1832.

［37］ Li J P, Wei L W, Li G, et al. An evolution strategy–based multiple kernels multi–criteria programming approach: The case of credit decision making ［J］. Decision Support Systems, 2011, 51（2）: 292–298.

［38］ Kou G, Lou C W. Multiple factor hierarchical clustering algorithm for large scale web page and search engine clickstream data ［J］. Annals of Operations Research, 2012, 197（1）: 123–134.

［39］ Wu Q. Regression application based on fuzzy v–support vector machine in symmetric triangular fuzzy space ［J］.

Expert Systems with Applications, 2010, 37（4）: 2808-2814.

［40］ Ji A B, Pang J H, Qiu H J. Support vector machine for classification based on fuzzy training data ［J］. Expert Systems with Applications, 2010, 37（4）: 3495-3498.

［41］ Yu L A, Yue W Y, Wang S Y, et al. Support vector machine based multiagent ensemble learning for credit risk evaluation ［J］. Expert Systems with Applications, 2010, 37（2）: 1351-1360.

［42］ Ye Z S, Li Z Z, Xie M. Some improvements on adaptive genetic algorithms for reliability-related applications ［J］. Reliability Engineering & System Safety, 2010, 95（2）: 120-126.

［43］ Hong W C, Dong Y C, Chen L Y, et al. Taiwanese 3G mobile phone demand forecasting by SVR with hybrid evolutionary algorithms ［J］. Expert Systems with Applications, 2010, 37（6）: 4452-4462.

［44］ Su Z G, Wang P H, Yu X J. Immune genetic algorithm-based adaptive evidential model for estimating unmeasured parameter: Estimating levels of coal powder filling in ball mill［J］. Expert Systems with Applications, 2010, 37（7）: 5246-5258.

［45］ Xiao J, Yan Y P, Zhang J, et al. A quantum-inspired genetic algorithm for k-means clustering ［J］. Expert Systems with Applications, 2010, 37（7）: 4966-4973.

［46］ Wang G, Hao J X, Ma J, et al. A new approach to intrusion detection using Artificial Neural Networks and fuzzy clustering ［J］. Expert Systems with Applications, 2010, 37（9）: 6225-6232.

［47］ Wu Y J, Wu Y M, Wang J, et al. An optimal tumor marker group-coupled artificial neural network for diagnosis of lung cancer ［J］. Expert Systems with Applications, 2011, 38（9）:11329-11334.

［48］ Liao Z L, Wang B, Xia X W, et al. Environmental emergency decision support system based on Artificial Neural Network ［J］. Safety Science, 2012, 50（1）: 150-163.

［49］ Lue Z P, Hao J K. Adaptive tabu Search for course timetabling ［J］. European Journal of Operational Research, 2010, 200（1）: 235-244.

［50］ Liu J M, Yue Y, Dong Z R, et al. A novel hybrid tabu search approach to container loading ［J］. Computers & Operations Research, 2011, 38（4）: 797-807.

［51］ Chen L, Langevin A, Riopel D. A tabu search algorithm for the relocation problem in a warehousing system ［J］. International Journal of Production Economics, 2011, 129（1）: 147-156.

［52］ Lim A, Qin H, Xu Z. The freight allocation problem with lane cost balancing constraint ［J］. European Journal of Operational Research, 2012, 217（1）: 26-35.

［53］ Li Z H, Wang Z J. Adaptive CUSUM of the Q chart［J］. International Journal of Production Research, 2010, 48（5）: 1287-1301.

［54］ Li Z H, Luo Y Z, Wang Z J. Cusum of Q chart with variable sampling intervals for monitoring the process mean ［J］. International Journal of Production Research, 2010, 48（16）:4861-4876.

［55］ Zhang C W, Xie M, Jin T D. An improved self-starting cumulative count of conforming chart for monitoring high-quality processes under group inspection ［J］. International Journal of Production Research, 2012, 50（23）: 7026-7023.

［56］ Wang K B, Tsung F. Recursive parameter estimation for categorical process control ［J］. International Journal of Production Research, 2010, 48（5）: 1381-1394.

［57］ Wu B, Yu J B. A neural network ensemble model for on-line monitoring of process mean and variance shifts in correlated processes ［J］. Expert Systems with Applications, 2010, 37（6）:4058-4065.

［58］ Zhu L L, You J X. Moral hazard strategy and quality contract design in a two-echelon supply chain ［J］. Journal of Systems Science and Systems Engineering, 2011, 20（1）: 70-86.

［59］ Ge Y M, Yin Z W, Xu Y F. Overbooking with transference option for flights ［J］. Journal of Industrial and Management Optimization, 2011, 7（2）: 449-465.

［60］ Lan Y J, Ball M O., Karaesmen I Z.. Regret in overbooking and fare-class allocation for single leg ［J］. M&Som-Manufacturing & Service Operations Management, 2011, 13（2）: 194-208.

［61］ Xiong H, Xie J, Deng X. Risk-averse decision making in overbooking problem ［J］. Journal of the Operational

Research Society, 2011, 62（9）：1655–1665.

［62］ Hu Q Y, Wei Y H, Xia Y S. Revenue management for a supply chain with two streams of customers ［J］. European Journal of Operational Research, 2010, 200（2）：582–598.

［63］ Xiao Y B, Chen J, Lee C Y. Single–period two–product assemble–to–order systems with a common component and uncertain demand patterns ［J］. Production and Operations Management, 2010, 19（2）：216–232.

［64］ Dasu S, Tong C Y. Dynamic pricing when consumers are strategic：Analysis of posted and contingent pricing schemes ［J］. European Journal of Operational Research, 2010, 204（3）：662–671.

［65］ Chen H, Wu O Q, Yao D D. On the benefit of inventory–based dynamic pricing strategies ［J］. Production and Operations Management, 2010, 19（3）：249–260.

［66］ White L, Smith H, Currie C. OR in developing countries：A review ［J］. European Journal of Operational Research, 2011, 208（1）：1–11.

［67］ Chang P L, Hsieh P N. Bibliometric overview of operations research / management science research in Asian ［J］. Asia–Pacific Journal of Operational Research, 2008, 25（2）:217–241.

［68］ 国家自然科学基金委管理科学学部. 管理科学发展战略：暨管理科学"十二五"优先资助领域 ［M］. 北京：科学出版社，2011.

撰稿人：吴登生　李建平　蔡　晨

# 专题报告

# 计算实验金融发展研究

## 一、引言

### （一）计算实验金融产生背景

金融系统是现代经济的核心。现实金融系统中的参与者是大量以投资者、投资银行家、基金管理人、或是融资者等身份出现的"个体（agent）"，这些个体在每一次金融决策中仅能依靠其有限的信息和有限的理性。但长期来看，他们通过不断反思、调整决策规则和信息交互渠道等"金融系统中的适应性行为"，以异质的（heterogeneous）、自主的（autonomous）方式追求更好的市场绩效。这些个体的行为是金融市场实现其资金资源配置核心经济功能的根本驱动力，但同时也是引发金融海啸、导致经济危机的重要根源之一。金融市场规模的不断增大和金融风险事件的频发，凸显出认识金融系统复杂演化规律并提供相应风险管理手段的重要性。随着高性能计算设备和计算技术的迅猛发展，"计算实验"为获得这种科学认识提供了新途径。

### （二）计算实验金融的定义

计算实验金融学将金融市场视为包含多个具有适应性的异质主体所组成的系统，它在既定的市场结构下，运用智能信息技术对这些主体的适应，学习行为及其交互作用进行微观建模从而形成模拟金融市场（如模拟股票市场、外汇市场、期货市场等），通过在这种模拟市场中进行微观层次的实验（如异质主体的生态群落演变、个体学习特征、市场交易规则变化等）来揭示市场的动态特性及其成因[1]。Arthur 等认为计算实验金融学会出现，是因为"计算实验能够解释金融学中最令人困惑的难题[2]：一方面，学术理论家坚信市场的有效性与投机机会的稀缺；另一方面，市场交易者却相信诸如技术分析、"市场心理学，以及流行效应等概念"。

作为一个新的研究领域，计算实验金融以复杂性科学中的 CAS 理论作为指导思想，依托基于 Muti-agent-system 的计算机仿真技术，根据金融经济学的基础理论，研究金融市场中相互作用的微观个体的交互规律及其对市场整体运动的影响规律。与传统的金融经济学研究相比，它不是运用基于被动观测数据的实证手段，也不是运用数理模型的逻辑手段，而是利用一类特定的实验手段来追寻金融现象背后的规律。

### （三）计算实验金融的方法论特点

从方法论层面上看，基于 Multi-agent 的计算实验方法是在系统仿真技术的基础上发展出来的，其主要功能是对复杂系统的宏观行为进行仿真，但是它与很多常规仿真技术不同的是：①从对金融系统微观个体的行为特征及其基本相互作用的描述来最终反映系统的整体特征，即是新金融经济学思想的体现。②金融系统中的微观元素能根据所收到的信息对环境作出适应性的主动反应，即是 CAS 思想（复杂适应系统）的体现。

## 二、我国计算实验金融学科的发展现状

### （一）我国计算实验金融学科发展现状分析

#### 1. 数据来源、统计标准及初步结果

检索数据来源方面，中文期刊检索选择由中国知网（CNKI）、中国学术期刊网和北京大学图书馆期刊工作研究会联合发布的《北京大学图书馆中文核心期刊目录》中收录的期刊作为数据库。而英文期刊期刊检索数据库选择由美国科学信息研究所（ISI）提供的"科学引文索引（SCI）"和"社会科学引文索引（SSCI）"两个数据库。在检索时间方面，中文期刊和英文期刊的检索范围均选定为 2000 年 1 月至 2012 年 9 月，而在搜索关键词上，本文采用了英文原文"agent based"和较多文献采用的中文翻译"计算实验"两组检索词来对中文文献进行检索[3]。

从初步检索结果来看，总体而言，我国计算实验领域研究文章较少，仍处于初步探索阶段。中英文期刊发表金融领域内计算实验研究大致相同，筛选后的计算实验金融领域研究成果共计 101 篇，其中中文期刊发表略多，有 61 篇，而英文期刊发表只有 40 篇。筛选后的计算实验金融研究按时间分布如图 1 所示。

图 1 中可以看出，我国计算实验金融领域的研究在整体上处于增长趋势，第一篇计算实验金融领域内期刊论文出现于 2001 年，在 2006—2010 年间有快速增长，并于 2008 年和 2010 年达到顶峰。2011 年和 2012 年的论文发表呈下降趋势，可能是由于审稿周期等客观因素造成的。将中文期刊发表论文数和英文期刊发表论文数分别统计后如图 2。

如图 2 显示，2001 年以来，国内计算实验金融领域的中英文研究成果总体而言均在增长。国内学者的计算实验金融研究最早始于国内期刊，英文论文的发表则在 2003 年开始出现，并迅速增长。2006—2007 年的英文成果数量甚至超过同期的中文成果数量。而

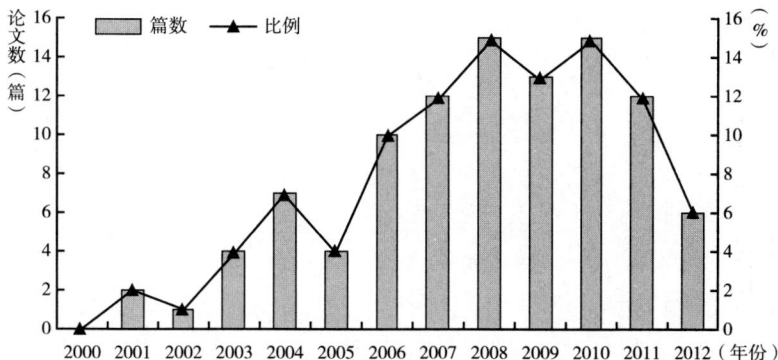

图 1　计算实验金融研究文献总体分布图

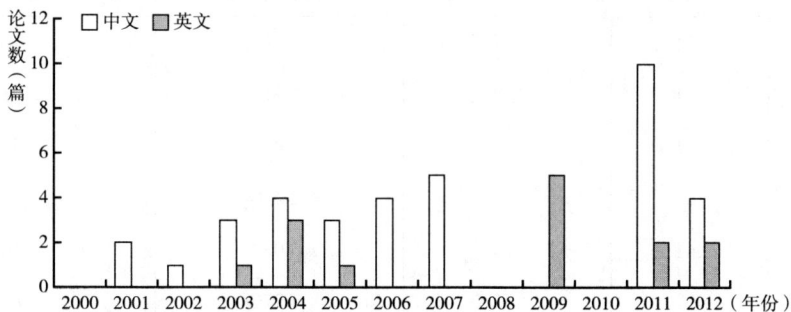

图 2　计算实验金融研究文献按期刊分布图

在 2007 年以后中文期刊成果突然增加，而同时期英文成果数量保持稳定。这可能是由于 2007 年的金融危机及其后的国外的反思影响了部分国内金融领域研究学者，基于复杂系统视角的金融领域研究开始在国内得到认同，从而导致中文期刊计算实验方金融研究增加。

**2. 学术机构分布与期刊分布**

在学术机构分布方面，共有 50 家国内机构参与了总计 101 篇计算实验金融文献的研究工作，署名作者共计 165 位。而在期刊方面，发表计算实验金融研究文献的中文期刊共有 40 个，英文期刊共有 32 个。详细统计和分析如下。

**（1）学术机构分布统计**

学术机构分布如图 3 所示，23 家科研机构有 1 篇以上的领域内研究成果，发表论文最多的机构有 21 篇。

作者发文数方面（表 1）最多者有 16 篇文章发表于中文和英文期刊，发两篇以上文章作者有 56 人，占总作者的 30% 以上。这说明了我国计算实验金融研究的作者队伍正在初步形成，并且已经具有一定的规模。

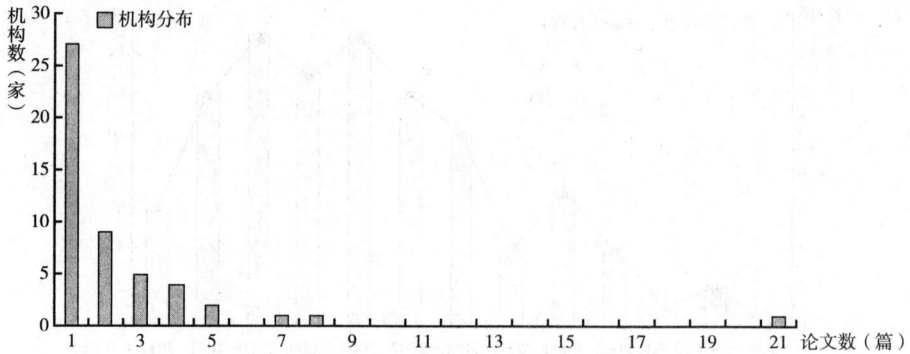

图 3　计算实验金融研究机构发文数分布图

表 1　计算实验金融研究作者发文数统计

| 发文数（篇） | 作者数（个） | 作者数累计（个） | 作者累计占比 | 发文＊作者数累计（篇） |
|---|---|---|---|---|
| 16 | 1 | 1 | 0.61% | 16 |
| 15 | 1 | 2 | 1.21% | 31 |
| 12 | 1 | 3 | 1.82% | 43 |
| 6 | 1 | 4 | 2.42% | 49 |
| 5 | 1 | 5 | 3.03% | 54 |
| 4 | 7 | 12 | 7.27% | 82 |
| 3 | 10 | 22 | 13.33% | 112 |
| 2 | 34 | 56 | 33.94% | 180 |
| 1 | 109 | 165 | 100.00% | 289 |

**（2）期刊分布统计**

从期刊分布来看，国内计算实验金融研究成果多发表于中文期刊，在所有期刊中发表国内计算实验金融研究文章数在 5 篇及 5 篇以上的期刊均为中文期刊。期刊发文数分布统计如图 4 所示，其中相关期刊数目较少而不相关类期刊数目较多，表明计算

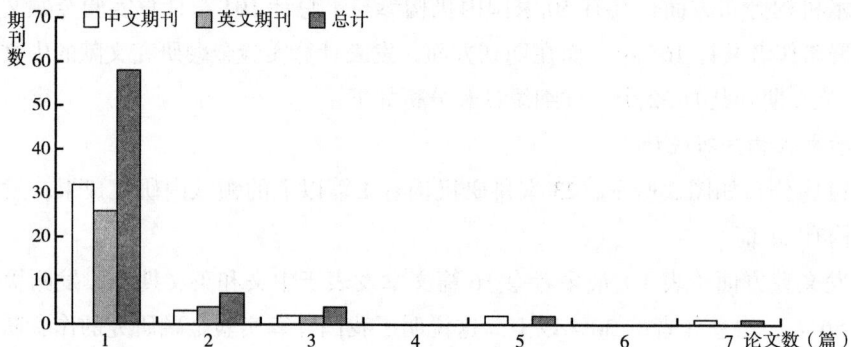

图 4　中英文期刊发文数分布统计

实验金融研究目前刚刚开始被国内学者所接受，而大部分期刊仅发文 1 篇，尚处于尝试性的发表计算实验金融研究成果阶段，并没有在国内形成专业核心期刊。

## （二）计算实验金融学科研究的关键科学问题

### 1. 个体学习于金融市场的影响

现代金融系统本质上是由大量具有自适应性的个体所组成的复杂系统。现实金融系统中的参与者是大量以投资者、投资银行家、基金管理人、或是融资者等身份出现的"个体（agent）"，这些个体在每一次金融决策中仅能依靠其有限的信息和有限理性进行投资决策。但长期来看，他们通过不断反思、并调整决策规则和信息交互渠道等"金融系统中的适应性行为"，以异质的（heterogeneous）、自主的（autonomous）方式追求更好的市场绩效。因此，从本质上看，金融系统在本质上并不是一个简单系统，而是由大量具有适应性并相互交互的个体组成的、系统结构具有内生演化性的"复杂系统"[4]。

为了建模与求解的简便，早期的关于适应性影响资产定价的研究将适应性简化为个体仅根据自身历史绩效、运用有限计算能力去更新预测与决策规则的行为。Zhang 和 Zhang[5]、刘维妮和韩立岩[6]、邹琳、马超群和李红权[7]、Zhang 等[8]、张永杰、张维和熊熊[9] 等丰富与发展了 SFI-ASM 模型。

为了更全面地刻画适应性行为，对个体通过向其他个体学习来改进其决策规则的"社会学习"行为进行建模的研究已经开展。但在现实金融市场之中，学习甚至是复制他人的交易策略是十分困难的，投资者之间的学习主要表现在投资理念和风险偏好等方面。所以，基于学习模型的机制设计和模型校准将成为未来的研究重点。

### 2. 社会学习对金融市场的影响

金融系统中的种群是指具有同类偏好、先验信念与财富水平的 agent 组成的群体。与其概念来源学科生态学相似，金融系统中的种群也在不停演化，即社会学习。种群演化是连接"微观"个体适应性与"系统集结"涌现特征两个层面的"介观（mesoscopic）"表现。目前的主要研究可以成两个方向：首先，基于简单规则的"转换（switch）"行为选择种群的相关研究[10]；其次，基于自主规则的转换行为选择种群的相关研究[11]。

目前的研究在模型中，由于计算能力和模型设计的原因，agent 数量普遍较少，因此影响群体演化特征的体现。而且，随着 agent 数量的几何级数增长，群体演化特征也会呈现不规律的演化特性。因此，在未来研究中，大规模适应性种群演化规律及其对资产定价的影响和市场内生的"种群转换"行为建模研究将成为研究的重点问题。

### 3. 金融市场中的个体交互网络的机制与影响

20 世纪末，对于个体交互网络结构的研究还局限于物理学和生物科学领域。然而，随着时代的发展，一方面趋于复杂的金融现象使传统经济理论解释上凸显乏力，另一方面计算能力的提高使从个体网络交互的角度来分析经济现象成为可能。目前基于网络交互视角的计算实验金融研究基本可以分为两类，一部分学者在最近几次世界范围内金融危机后，更侧重研究个体间的资金流动网络交互，如市场中银行间的同业拆借或公司间资金借贷往来构成的交互网络；而随着互联网、微博、QQ 等新型传播媒介兴起，另外一部分学者关注于金融系统中个体间的信息网络交互。

在基于信息传播的网络交互结构研究方面，我国学者的研究主要集中在扩散传播式信息交互网络。黄玮强等在此基础上进一步检验了信息网络的密度对股票收益率分布的非正态、尖峰厚尾和收益率波动聚集等特征的影响[12]。杨春霞等建立了基于自组织逾渗的金融市场模型，该模型能够生成与真实股价相似的时间序列，模型生成的收益率分布中心符合具有尖峰厚尾特征的 Levy 分布[13]。

而在基于资金流动的网络交互研究中，陈彦锟建立了基于无标度网络的信用违约风险传染模型，并发现网络规模对信用违约风险传染相对速度的影响显著为正，网络中关键节点的目标免疫能够很好地减小信用违约风险传染效应[14]。

到目前为止，国内从网络交互的角度对复杂金融资产定价和风险管理的认识还存在不足，多数国内研究仍停留在研究金融系统复杂性的特征[15-16]。部分学者在资金流动的网络交互研究方面开始起步，而对基于信息传播的网络交互结构的研究还偏少。

### 4. 按科学问题分类的计算实验金融研究的统计

计算实验金融研究突出个体的异质性、适应性和交互性（在这里"交互"仅指金融市场客观信息或资金的交互）。在目前国内研究中已经由个体的简单适应性学习发展为较复杂的社会性学习和个体间信息、资金交互。因此，在研究科学问题上，同样将个体行为研究分为适应性学习刻画和个体间交互刻画，同时按适应性学习的复杂性进一步分为无学习、个体学习和社会学习 3 类；按交互的复杂性进一步分为无交互和有交互 2 类。这样就形成了 6 种分类方式。把现有计算实验金融研究按以上研究问题分类后，每种类型建模统计如下。

表 2　按科学问题分类的计算实验文章数及占比统计

| 个体行为类型 | 文章数（篇） | 占比（%） |
| --- | --- | --- |
| 无学习，无交互 | 27 | 26.73 |
| 个体学习，无交互 | 26 | 25.74 |
| 社会学习，无交互 | 14 | 13.87 |
| 无学习，有交互 | 17 | 16.83 |
| 个体学习，有交互 | 0 | 0.00 |
| 社会学习，有交互 | 0 | 0.00 |
| 综　合 | 17 | 16.83 |

可以看出，目前在我国的计算实验金融研究中，无学习无交互的研究和简单个体学习无交互的研究仍然占据全部研究的 50% 以上，而突出个体社会学习特征和交互特征的研究仅占 30% 左右。而更复杂的适应性与交互性相结合研究则几乎没有。对以上统计按时间维度排列后发现（图 5），2000—2005 年的计算实验金融研究几乎全部是无学习无交互、个体学习无交互的简单研究；而在 2005 年之后有明显的下降，而自 2006 年起个体的社会性学习和交互开始得到重视，并在 2010 年之后有成为研究主流的可能。个体行为刻画的变化从侧面反映了我国计算实验金融领域对金融市场复杂性认识的变迁。虽然我国计算实验金融研究发展处于起步阶段，但是在个体行为研究上已经逐渐有意识地向主流金融经济学问题靠拢。

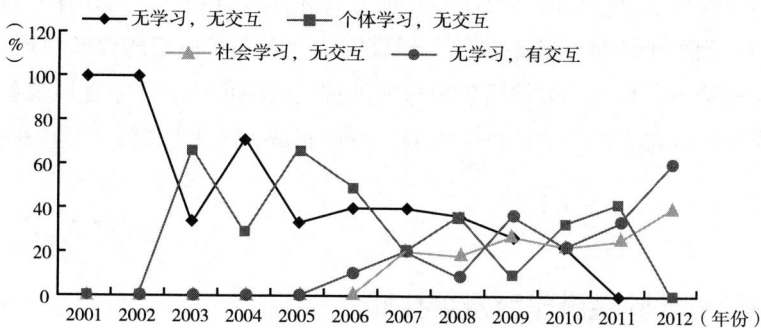

图 5　按个体行为分类的计算实验文章占比统计分布

## （三）计算实验金融学科对实践领域影响

在实践领域，计算实验方法与传统金融学研究方法的结合可以更好地模拟政策效果和设计高效的金融交易制度。例如：传统金融学使用的实证方法可以在假设其他变量不变的条件下测度某一政策发布后市场变化规律，然而在真实金融市场中，政策实施效果往往被众多关联的市场环境因素和复杂个体适应性行为所影响。计算实验方法则可以对市场环境和个体行为建模，并利用实证方法测度的真实市场运行规律进行模型校准，从而更可靠地模拟金融政策效果和进行交易制度设计。

在政策模拟方面，中国金融期货交易所与学术机构合作开发了基于计算实验方法的股指期货市场，利用实证方法测度了中国股指期货市场真实的投资者结构及不同交易频率投资者下单行为的统计特征，使人工股指期货市场模型表现出了与真实市场一致的统计特征规律。并在此基础上，分析了股指期货最小报价单位和持仓限额的优化设计对市场质量的影响，并提出优化设置的建议；通过研究股指期货市场投资者结构变化和程序化套利策略对市场运行质量的影响，为改善市场流动性、对程序化交易监管等政策的实施给予了理论支持。

39

在交易制度设计方面，上海证券交易所同样与学术机构合作，开发了人工股票期权市场仿真平台，并对交易制度进行定量的比较研究。通过改进随机碰撞仿真模型，将我国证券市场权证定价模型引入个体决策行为，构建连续双向拍卖市场模型。将市场微观结构理论中研究竞争性做为市商市场价格发现的信息模型思想，引入到混合交易制度市场研究中，并从投资者交易行为和做市商行为两个方面对连续双向拍卖市场仿真模型进行改进，使其具有混合交易制度市场的特征；并基于混合交易制度市场分别从即时成交比例和最大价差限制两个角度进行对比实验，将连续双向拍卖市场和混合交易制度市场的实验结果进行对比分析。最终发现，根据我国证券市场环境以及投资者特征选择混合交易制度，有利于我国股票期权市场的健康发展。

计算实验金融研究目前已经进入成熟阶段。针对未来复杂金融系统的研究中，大量异质参与者行为交互与信息传播的计算实验建模方法和技术研究将成为计算实验金融理论研究的主要方向，而基于计算实验方法的大规模复杂金融系统模型的校准原理与方法研究，以及利用计算实验平台和真实数据衍生出可能的现实金融市场"体系性风险事件情景"并设计相应的管理与应对手段等"情景－应对"方法将成为未来计算实验金融实践应用研究的主要趋势。

## 三、国内外计算实验金融学科发展比较

### （一）国外计算实验金融学科发展趋势

自从 20 世纪 90 年代，Santa Fe Institute（SFI）的研究人员便开始使用基于个体的计算机模型建立人工股票市场 ASM（Artificial Stock Market），1996 年发表的 "Asset Pricing Under Endogenous Expectations in an Artificial Stock Market" 标志着计算实验金融学的诞生。在经历了发展初期对个体简单适应行为的刻画[2, 17]以及市场基准模型的探索后[18-19]，近 5 年有了迅猛发展，并形成以下 3 个主要趋势：

1）领域内核心期刊和专业期刊开始形成。一些原本属于交叉领域的经济学类期刊，如：*Journal of Economic Dynamics and Control* 和 *Journal of Economic Behavior and Organization* 开始集中发表高水平的计算实验金融类研究成果，并成为领域内核心期刊。而新兴的使用计算实验方法对经济 / 金融系统建模研究的专业期刊如 *Journal of Artificial Societies and Social Simulation*、*Journal of Economic Interaction and Coordination* 等的刊文量也不断增长，并开始被 SCI 或 SSCI 检索（JASSS 于 2006 年被 SSCI 检索，JEIC 于 2011 被 SSCI 检索）。

2）开始被主流金融学关注。国外的研究者的关注视角已经从计算实验金融发展初期对金融市场的建模和校准问题转移至金融经济学的基本问题，并开始得到主流金融学界的承认。金融领域最老牌的顶尖期刊 *Journal of Finance* 和 *Journal of Financial Economics* 自 2003 年以后也开始持续发表计算实验金融领域的研究论文[20-23]。

3）建模方法强调个体的适应性和交互性。在过去的 5 年中，计算实验金融领域研究已经从过去的个体简单适应性建模发展为通过个体间适应性学习和复杂交互相结合建模探索金融市场规律。除了进一步对金融市场上个体适应性学习的刻画，研究者开始尝试基于适应性的金融市场个体策略交互[24-25]、信息交互[26-27]和资金交互[28-29]研究。尤其在 2007 年金融危机之后，通过银行间资金交互建模刻画金融体系性风险研究[30-31]的大量涌现更加速了这一趋势。

## （二）国内计算实验金融学科发展趋势

中国股市发展以来，由于主流经济学派的各种理论及模型，不能直接套用于中国国情，尤其在完善金融监管制度的设计与研究上，更加欠奉。因此，为了完成中国资本市场的规范化和制度建设，探索新的技术方法刻不容缓。

计算实验金融作为金融学的一个新分支，利用计算机建模技术，仿真出真实金融市场，可以直接在计算机系统中模拟各种监管政策及措施实施可能具有的市场反应，以评估政策的效果和制度的可行性。深入研究该技术，对于改善我国资本市场的建设及监管，以及评估金融创新产品的市场效益，都举足轻重，值得引起中国金融学界的重视。

我国于 2001 年首次将计算实验模型应用于金融研究，刘晓峰、刘晓光、田存志研究了涨跌停板制度对于股市稳定性的影响[32]，应尚军、魏一鸣、范英等利用元胞自动机模拟股票市场投资行为[33]。在经历了初始阶段的介绍和引入后[34]，也已经开始出现向金融理论问题研究转移的趋势。应尚军、魏一鸣、范英等运用元胞自动机研究了股票市场中投资行为的演化性质，并考察了投资者从众行为与心理对市场价格变化的影响[35]；刘兴华、汤兵勇，刘兴华、杨建梅探索了投资策略的多样性、交易者的归纳推理对市场均衡价格形成及市场动力机制的作用，并分析了市场和投资者适应与进化的特征[36-37]；熊熊、武栋才、张永杰等利用动态博弈模型，采用仿真的方法对团体贷款中影响银企贷款行为的因素进行了研究，对于分析银企贷款行为和解决小企业融资问题有直接意义[38]；邹琳、马超群、杨晓光等构建了具有中国股票市场特征的人工金融市场，分别在做市商的交易机制和双向拍卖交易机制下，研究股利支付的变化对股价的影响[39]。

除此之外，我国还有少数文章开始发表在领域内的国外权威期刊[40]。但与国外研究相比，国内计算实验金融领域自身发展还存在很多不足，研究水平与国外相比尚有一定差距，研究还未进入成熟期。

此外，从研究者分布和期刊分布来看，我国计算实验金融领域学者队伍已经形成初步形成，且近年来开始有部分学者在领域内的国外顶级期刊发表研究成果。但是从国内角度来说，我国还缺乏有影响力的中文 / 英文核心期刊和领域内的中文 / 英文专业期刊，这点与国外成熟的研究有明显差距。

## 四、我国计算实验金融学科未来方向与对策

在我国计算实验金融研究的方向和趋势方面，从研究内容来说，股票市场的研究还将成为我国计算实验金融研究的主要方向之一，而受金融危机的影响，银行系统和跨市场（衍生品市场）的体系性风险将是未来一段时间的研究热点；从研究问题来看，我国计算实验金融研究初期集中讨论的金融市场建模与校准问题已经在 2008 年以后处于下降状态，而对金融经济学、行为金融学的基础性问题开始有增长趋势，这反映了我国部分金融研究者已经开始利用计算实验工具，从复杂性视角对传统金融经济学问题进行研究；最后，从金融市场个体行为刻画角度考虑，无学习无交互、个体学习无交互的研究在 2005 年之后有明显的下降，而个体的社会性学习和交互开始得到重视并在 2010 年之后有成为研究主流的可能。这反映了我国计算实验金融研究已经逐渐与海外接轨，具备了一定的研究水平。

综上所述，研究者们通过刻画投资者个体的强化学习、种群演化和复杂网络交互等方面的特征，使得计算实验金融学不仅拓展了传统经典金融学和行为金融学的理论研究，同时反演出种种市场复杂动态特征，又为市场以及个体投资者的风险管理提供了有效工具。计算实验金融虽然在上述诸多方面取得了长足的进展，但其也不是什么金融学研究的"灵丹妙药"，至今为止，其仅是作为传统实验、实证、数理分析研究方法外的一种有益补充。

与传统研究范式相比，植根于复杂金融系统的计算实验金融研究的开展，其目的无非是为更好地揭示真实金融市场中的复杂动态演化特性，那未来的研究将会如何拓展现有的研究呢？综合考虑已取得的重要成果、设备运算能力发展的状况、实践需求等方面，未来该领域可能的前沿热点和科学问题有如下 3 个方面。

### （一）构建大规模自主 agent 的计算实验模型，研究金融系统复杂演化规律

囿于设备运算能力和研究者建模技术的限制，运行在桌面系统上的 ACF 模型中自主性 agent 的数量比较有限，种群的形成和网络的演化特性并不显著；即便是已有种群和网络演化的研究，也常常需要研究者"外生地"、"先验地"设定一些种群的类型和指定复杂网络的类型。由此，尽管计算实验方法在其他动态定价和风险管理的影响因素方面取得了一些很好的成果，Egenter、Lux 和 Stauffer 还是根据他们的工作提出：大规模 agent 的系统可能具有与小规模系统显著不同的复杂特征及微观形成机制[41]。众所周知，真实金融系统中 agent 的数量往往是巨大的，agent 的行为是自主性的，种群与网络结构是内生的，并且在考虑到不同的市场交易制度、法律环境要求、市场参与主体的风险文化特征等因素以后，这些种群和网络结构也可能呈现不同的特征，进而影响定价规律。因此，在设备运算能力不断增长、建模手段日益增强的条件下，将种群和网络内生性演化规律等因素也纳入计算实验金融研究的分析框架将可能成为未来研究的重要趋势和热点前沿。

## （二）金融市场中的复杂网络的机制与影响

在互联网时代背景下，股票论坛、财经博客、微博等新型沟通方式的出现与普及，使个体间信息交换变得更加快捷，但同时也使股票市场的信息扩散网络结构变得更加复杂。互联网已经给股票市场信息扩散过程带来了根本性变革。另外，随着金融创新的不断深化，各大金融机构之间通过相互持股、借贷等资金联系构建起的复杂资金网络已经变得日益复杂和密切，但与此同时，金融系统的脆弱性也与日俱增。Battiston、Puliga 和 Kaushik 等研究以美联储 1.2 万亿美元救助美国金融机构事件为背景，利用复杂网络分析方法，发现得到救助的 22 家机构，均是金融系统中连接度最大且影响最深远的金融危机关键节点[42]。在复杂金融系统中，复杂网络往往并不是单独发挥作用的，它们之间也存在着相互影响。金融市场中的信息与资金之间是密不可分的。因此，如何将复杂信息和资金网络"有机地交织在一起"，将二者纳入同一个分析框架，研究信息扩散与资金交互网络对资产定价的影响将成为本领域未来研究的一个重要方向。

## （三）模型校准以及新校准方法的发展与涌现

要建立如此大规模且复杂的计算实验模型，模型的校准是建模过程中是一个十分重要而且又不可回避的问题。通过模型校准可以衡量计算实验仿真出的结果相对于真实世界的合理性[43]。然而由于在计算实验模型中存在着大量的参数，而且这些参数又往往具有较大的自由度，这就使得对模型的校准变得较为困难。目前针对这一问题的研究和思考尚未提出十全十美的解决方案，这成为制约领域进一步发展的瓶颈，也是领域目前面临的主要挑战之一。这就需要以创新性的校准思想、原理与方法来推动领域走向成熟。

然而，近年来随着金融物理学研究的进一步活跃，使得在数据分析层面更加关注于对数据本质特征的挖掘，而其建立的大量非线性数据处理工具也为计算实验模型的校准提供了一种新的研究思路。从多尺度的标度特征视角，用金融时间序列回报率绝对收益率和平方回报率的自相关特征校准模型，为校准研究提供了新的方法与工具。Li、Zhang 和 Zhang 等通过多尺度标度分析的方法结合中国股市的真实数据，对连续双向拍卖人工股票市场计算实验模型进行了校准研究，更好地捕捉了中国股票市场的本质特征，进一步证明了多尺度标度分析是一种有效的计算实验模型校准方法[44]。

# 参 考 文 献

［1］ 张维. 计算实验金融研究［M］. 北京：科学出版社，2010.

［2］ Arthur W B, Holland J H, LeBaron B et al.. Asset pricing under endogenous expectations in an artificial stock market
［A］. Arthur W B, Durlauf S, Lane D. The Economy as an Evolving Complex System II［C］. Reading: Addison-
Wesley, 1997, 15–44.

［3］ 张维，等. 计算实验金融在中国：研究现状及未来发展［J］. 系统管理学报，2012，21（6）：756–764.

［4］ Holland, J. Emergence: From Chaos to Order［M］. Redwood City: Addison-Wesley, 1997.

［5］ Zhang Y, Zhang W. Can irrational investors survive?［J］. A social-computing perspective, IEEE Intelligent Systems,
2007, 22（5）：58–64.

［6］ 刘维妮，韩立岩. 基于人工股市模型的投资者仿真研究［J］. 管理学报，2007，4（1）：414–420.

［7］ 邹琳，马超群，李红权. 中国股市仿真系统建模及其非线性特征研究［J］. 系统管理学报，2008，17（4）：
385–389.

［8］ Zhang W. et al. Trader species with different decision strategies and price dynamics in financial markets: An agent-
based modeling perspective［J］. International Journal of Information Technology and Decision Making, 2010, 9（2）：
327–344.

［9］ 张永杰、张维，熊熊. 投资策略与投资收益——基于计算实验金融方法的研究［J］. 管理科学学报，
2010，13，（10）：107–118.

［10］ 应尚军，等. 基于投资分析的股票市场演化元胞自动机模型［J］. 管理评论，2004，16（11）：1–7.

［11］ 陈莹，袁建辉，李心丹，等. 基于计算实验的协同羊群行为与市场波动研究［J］. 管理科学学报，2010，13
（9）：119–128.

［12］ 黄玮强，庄新田，姚爽. 基于信息传播和羊群行为的股票市场微观模拟研究［J］. 管理学报，2010，02：
273–277.

［13］ 杨春霞，等. 基于自组织逾渗的金融市场模型［J］. 科学通报，2005，20：127–131.

［14］ 陈彦锟. 基于无标度网络的信用违约风险传染效应研究［J］. 统计与决策，2010，02：20–23.

［15］ 李平，汪秉宏. 证券指数的网络动力学模型［J］. 系统工程，2006，24（3）：73–77.

［16］ 周艳波，蔡世民，周佩玲. 金融市场的无标度特征研究［J］. 中国科学技术大学学报，2009，39（8）：
880–884.

［17］ Chen S‐H, Yeh C–H. Evolving traders and the business school with genetic programming: A new architecture of the
agent-based artificial stock market［J］. Journal of Economic Dynamics and Control, 2001, 25（3–4）：363–393.

［18］ Brock W. A., C. Hommes. Heterogeneous beliefs and routes to chaos in a simple asset pricing model［J］. Journal
of Economic Dynamics & Control, 1998, 22（8–9）：1235–1274.

［19］ Chiarella C., He X. Asset price and wealth dynamics under heterogeneous expectations［J］. Quantitative Finance,
2001, 1（5）：509–526.

［20］ Noe T H, Rebello M J, Wang J. Corporate financing: An artificial agent-based analysis［J］. Journal of Finance,
2003, 58（3）：943–973.

［21］ Noe T H, Rebello M J, Wang J. The evolution of security designs［J］. Journal of Finance, 2006, 61（5）：2103–
2135.

［22］ Goettler R L, Parlour C A, Rajan U. Equilibrium in a dynamic limit order market［J］. Journal of Finance, 2005, 60（5）：
2149–2192.

［23］ Goettler R L, Parlour C A, Rajan U. Informed traders and limit order markets［J］. Journal of Financial Economics,
2009, 93（1）：67–87.

［24］ Hommes C., F. Wagener.Does eductive stability imply evolutionary stability?［J］. Journal of Economic Behavior &

Organization , 2010, 75（1）: 25–39.

［25］ Huang W, Zheng H. Chia W –M. Financial crises and interacting heterogeneous agents［J］. Journal of Economic Dynamics and Control, 2010, 34（6）: 1105–1122.

［26］ Ponta L, Pastore S, Cincotti S. Information–based multi–assets artificial stock market with heterogeneous agents［J］. Nonlinear Analysis: Real World Applications, 2011, 12（2）: 1235–1242.

［27］ Alfarano S, Milakovic M. Network structure and N–dependence in agent–based herding models［J］. Journal of Economic Dynamics and Control, 2009, 33（1）: 78–92.

［28］ Iori G., Jafarey S, Padilla F G. Systemic risk on the interbank market［J］. Journal of Economic Behavior and Organization, 2006, 61（4）: 525–542.

［29］ Iori G., Masi G. D, Precup O V, et al.. A network analysis of the Italian overnight money market［J］. Journal of Economic Dynamics and Control, 2008, 32（1）: 259–278.

［30］ Markose S, Giansante S, Gatkowski M, et al.. Too interconnected to fail: Financial contagion and systemic risk in network model of CDS and other credit enhancement obligations of US banks［A］. COMISEF Working Papers Series［C］. 2010.

［31］ Haldane A G, May R M. Systemic risk in banking ecosystems［J］. Nature, 2011, 469（7330）: 351–355.

［32］ 刘晓峰, 刘晓光, 田存志. 涨、跌停板制度安排对于股市稳定性影响的研究［J］. 国际金融研究, 2001, 9: 17–22.

［33］ 应尚军, 魏一鸣, 范英, 等. 基于元胞自动机的股票市场投资行为模拟［J］. 系统工程学报, 2001, 16（5）: 382–388.

［34］ 张维, 刘文财, 王启文, 等. 面向资本市场复杂性建模: 基于 Agent 计算实验金融学［J］. 现代财经, 2003, 23（1）: 3–7.

［35］ 应尚军, 等. 基于元胞自动机的股票市场复杂性研究——投资者心理与市场行为［J］. 系统工程理论与实践, 2003, 16,（12）: 18–24.

［36］ 刘兴华, 汤兵勇. 智能体建模和资本市场复杂性［J］. 管理科学学报, 2005, 8（4）: 35–42.

［37］ 刘兴华, 杨建梅. 多样性和归纳推理与证券市场动力机制［J］. 系统工程理论与实践, 2007, 27（5）: 35–41.

［38］ 熊熊, 武栋才, 张永杰, 等. 团体贷款中商业银行 – 中小企业贷款行为的动态博弈仿真分析［J］. 系统管理学报, 2009, 18（6）: 661–666.

［39］ 邹琳, 马超群, 杨晓光, 等. 基于 Agent 不同交易制度下股利支付率对股价影响［J］. 系统工程, 2011, 29（10）: 7–13.

［40］ Gao Y, Li H. A consolidated model of self–fulfilling expectations and self–destroying expectations in financial markets ［J］. Journal of Economic Behavior and Organization, 2011, 77（3）: 368–381.

［41］ Egenter, E., T. Lux, D. Stauffer. Finite–size effects in Monte Carlo simulations of two stock market models［J］. Physica A: Statistical and Theoretical Physics, 1999, 268（1–2）: 250–256.

［42］ Battiston, S. et al. Caldarelli. Debtrank: Too Central to Fail? Financial Networks, the Fed and Systemic Risk［J］. Science Report, 2012, 541（2）: 1–6.

［43］ Banks, J., J. S. Carson, B. L. Nelson and D. M. Nicol. Discrete–Event System Simulation（5th Edition）, New Jersey: Prentice Hall, 2010.

［44］ Li Y, et al. Calibration of the agent–based continuous double auction stock market by scaling analysis［J］. Information Sciences, 2012, available on line.

撰稿人: 张 维 熊 熊 张永杰 张小涛 邹高峰 武自强
冯 绪 沈德华 刘可明 冯丽娜 谭 哲 翟晓鹏

# 城市交通管理发展研究

## 一、引言

### （一）社会背景

根据统计资料，目前我国有 102 个超百万户籍人口的大城市，其中超过 400 万人口的超大城市有 10 个（不算暂住和流动人口）。2009 年，我国城市化水平为 46.6%，预计 2030 年将超过 65%，届时 100 万人口大城市将达到 200 个。随着我国城市化进程的加快，一些大城市，尤其是北京、上海、重庆等超大城市相继出现了资源短缺、环境污染、交通拥堵等"城市病"，其中因出行机动化产生的交通拥堵尤为突出。交通拥堵不仅导致城市的诸项经济社会功能衰退，还引发城市的生存环境持续恶化，进而成为阻碍城市经济社会可持续发展的重要制约因素。根据 2006 年的调查数据，北京市区快速路和主干道负荷度在 0.8 以上的路段约占 80%，在城市中心区域，部分路段机动车平均时速已下降到 10 公里，有时甚至处于半瘫痪状态。2010 年，北京市区早、晚高峰路网平均车速与 2009 年同期相比分别降低了 3.6% 和 4.8%。我国 15 座大城市的居民每天上班比欧洲发达国家多消耗 28.8 亿分钟，造成的时间损失每天近 9 亿元人民币。根据最新研究结果，若车辆时速小于 55 公里，污染排放随车速降低而增加。高峰期，北京市主干线上 300 万辆机动车拥堵 1 小时所需燃油为 240 万～330 万升，约合 1600 万～2200 万元人民币。

城市交通问题的产生，从表面上看，是由于国民经济持续高速增长、居民收入增加和城市化进程加快，导致城市交通需求的增长超过了交通基础设施建设的增长。据测算，北京市每增加 1 人，日交通出行量就增加 2.64 次。"十一五"期间北京轨道交通运营里程增长了一倍，客运量却翻了两番。由于缺乏统筹优化的城市交通发展战略，城市基础设施配置不合理、道路与轨道交通不协调、交通组织与管理不科学，导致城市交通发展失衡和无序，这也是一个重要因素，而且将直接影响我国城市交通的可持续发展。

长期以来，我国城市交通发展的基本模式是进行大规模的交通基础设施建设以满足快速增长的交通需求。事实上，由于经济、技术、环境以及空间等条件的制约，仅通过增加交通设施来单向满足不断增长的交通需求既不科学也不现实。一方面，我国土地资源紧缺，城市用于交通建设的土地资源极为有限，2006年，我国城市人均用地 88.63m$^2$，人均道路面积为 10.6m$^2$，而发达国家城市的人均道路面积为 15～20m$^2$，因此，无论在近期还是未来，都难以通过大规模的道路增扩建，来满足城市交通发展的需要。另一方面，道路基础设施的改善会诱发新的交通需求和增加小汽车保有量，使交通拥挤状况变得更加严重。据公安部统计，截至 2012 年年底，我国机动车保有量为 2.4 亿辆，其中汽车保有量达 1.14 亿辆，而北京市机动车保有量超过 520 万辆，高峰期间，仅主干线上运行的机动车数量就达 300 万辆。因此，破解城市交通拥堵及其衍生问题不仅仅是一个修路、修桥、修车站的工程技术问题，而是一个数量巨大、关系复杂、多粒子驱动、可以诱导的人、车、路开放复杂巨系统的交叉科学问题。

## （二）学科特征

现代交通科学是研究交通系统运行基本规律的科学，就是采用科学的方法来理解、分析和引导交通行为，包括观察交通现象、分析出行动因、发现群体规律，进而从整体上调控车辆与行人的时空分布，缓解和预防交通拥堵，以期最大限度地利用现有交通资源，并为交通规划、设计和建设提供科学依据。由于城市综合交通系统涉及出行者、交通工具、交通网络以及社会经济环境四者之间的相互联系，又与政策、法规、管理和控制等外部因素密切相关，使得把握城市综合交通系统的运行和演化规律（特别是城市发展与交通管理之间的互动机制、多层次交通需求的产生机理和扰动规律、交通拥堵现象的产生和演变过程、交通效率与交通社会成本之间的转换与耦合等）极其困难，这其中蕴含着大量的基础科学问题。因此必须综合运用系统科学、管理科学、行为科学、信息科学、统计学和交通工程学等方面的知识，通过模型、仿真等手段刻画城市居民的复杂出行决策与多层次交通需求的时空分布特征，剖析多方式交通供需之间的互动与耦合机理，揭示复杂条件下交通网络流量的变化规律，探索城市交通多方式运行的协同理论与方法，认识大城市综合交通系统的发展趋势，在此基础上，结合我国特色的城市交通运行环境，提出城市综合交通系统可持续发展的基础理论与方法。

自 20 世纪 50 年代以来，由于城市机动车数量的快速增加，城市交通拥堵逐步加剧，交通科学才引起人们的真正重视。某种意义上讲，现代交通科学就是研究拥挤的学问。世界各国学者在交通流理论、交通需求预测、交通规划与管理、交通控制、交通模拟与仿真、发展智能交通系统等方面已做了大量的理论研究与应用工作。我国虽然起步较晚，但是近年越来越多的学者投入到这一研究领域，取得了丰富的成果。国内学者在 *Transportation Science*、*Transportation Research A-F*、*Transportation*、*IEEE Transactions on ITS*、*Journal of Advanced Transportation*、*Journal of Transportation Engineering*、*Journal of Transportation Economics and Policy* 等国际著名学术刊物上，发表与城市交通相关的论文数量呈现逐年递增的趋势。

近年来，我国各级政府部门也不断加强对城市交通科学基础研究、应用基础研究和应用研究的资助力度，科技部、国家自然科学基金委员会资助的各类纵向项目数量逐年增加。由北京交通大学高自友教授主持的国家重点基础研究发展计划（"973"计划）项目"大城市交通拥堵瓶颈的基础科学问题研究"已于2010年年底顺利结题，由北京航空航天大学黄海军教授主持的国家重点基础研究发展计划（"973"计划）项目"大城市综合交通系统的基础理论与实证研究"于2012年年初正式启动。在各类纵向项目的大力支持下，城市交通学科每年培养了较多的硕士和博士研究生，造就了多名国际交通科学界有较大影响的中青年科学家。在这一批学者的带领下，国内的城市交通研究工作在交通需求生成机理和瓶颈识别、道路交通流非线性动力学特性、路网交通拥堵的形成机理与传播特性、城市交通系统的时空复杂性与结构瓶颈演化、城市交通系统的组织优化与控制、交通信息融合、集成与计算实验的基础理论研究，以及典型大城市交通疏堵问题的综合实证研究等方面取得了突破性的进展，形成了一系列的原创性成果，建立了以宏观与微观、理论与实证、建模与仿真为主线，分析城市交通拥堵以及交通系统复杂性的理论与方法。特别是在城市交通需求生成机理、路网交通拥堵的形成机理与传播特性、混合交通流建模以及缓解城市交通拥堵等方面达到国际先进水平，部分成果达到国际领先水平。

值得指出的是，由高自友、黄海军、杨海、林兴强和毛保华5位教授领衔项目组合作完成的"基于行为的城市交通流时空分布规律与数值计算"研究成果荣获2011年度国家自然科学奖二等奖，这是迄今为止我国城市交通管理学科基础理论研究成果获得的最高奖励。该项目组对基于行为的城市交通流时空分布规律与数值计算进行了深入研究，构建了城市交通网络中多车种运量分布与分配的组合模型，解决了城市交通规划四阶段理论中各阶段之间不相容这一严重缺陷；研究了基于网络备用能力的城市交通网络设计问题，避免了交通网络设计中的能力诡异现象；提出了一种新的求解大规模离散交通网络设计问题的计算方法，显著提高了运算效率；运用对偶理论将边际成本定价理论成功地推广到一般结构网络中，解决了多准则、多类别用户交通流运行中通过匿名拥挤收费实现系统最优的难题。该研究成果共发表SCI检索的国际期刊论文97篇，其中31篇论文发表在国际交通科学与技术领域排名第一的学术期刊 *Transportation Research Part B* 上，被他引2483次（其中SCI他引1117次），出版专著4部，其中英文专著1部。研究成果不仅加深了人们对城市交通流时空分布规律的认识，而且对建立现代交通科学理论体系具有重要的理论指导意义，处于该领域国际领先水平。

## 二、国内外发展比较

城市综合交通系统随着社会经济的发展和城市化的加速而产生，是一个典型的复杂巨系统，尤其是超大城市，由于其人口众多，面积巨大，资源消耗和环境污染相比小型城市要严重得多。20世纪70年代后，由于世界性的能源危机，石油短缺、油耗费用增加以及汽车尾气污染日益严重，交通研究者和决策者逐渐认识到城市交通对城市生态环境造成的巨大负面影响，交通需求管理开始引起人们的真正重视。世界各国学者在交通流理论、交通需求预测、交通规划与管理、交通控制、交通模拟与仿真、发展智能交通系统等方面已经做了大量的理论研究与应用工作。然而，由于我国城市多方式混合交通特性与国外单纯机动车交通特性差别较大，许多在国外行之有效的交通管理方法未必适用于我国。现有的研究成果还不足以充分准确地解释城市综合交通系统中的一些基础科学问题。下面对相关的国内外研究现状作简要的对比介绍。

## （一）城市交通需求生成与时空分布

城市交通拥堵现象以道路交通流为表征，道路交通流因城市居民出行和货物的移动（即交通需求）而形成，关于交通需求的生成机理研究是所有后续研究的前提和基础。近50年来，国际上对城市交通需求的分析与预测普遍采用"四阶段"模型，即出行产生、出行分布、出行方式划分和交通分配4个阶段。城市用地布局与交通生成的互动关系是交通需求分析的重点。20世纪80年代以后，这类研究进一步延伸至居民的日常活动与交通行为，强调居民的交通行为不仅受制于空间形态，而且受限于时间窗口，为此提出了"一阶段"集成交通需求分析模型，但还尚未形成完整的理论体系。国内的相关研究侧重于"四阶段"模型在我国社会环境下应用的可行性与可靠性分析，并开始考虑信息化条件及城市可持续发展保障体系对交通需求的影响，提出了一些修正传统模型的思路。

交通需求时空分布方面的研究主要关注各种交通环境下的出行者选择行为，以及如何将巨量的个体决策结果转化为宏观网络聚集现象。自20世纪50年代Wardrop提出交通网络平衡原则，Beckman等将交通平衡问题表示为数学优化模型，McFadden发展基于Logit的离散选择模型以来，国内外专家学者在交通方式选择、出发时间决策、出行目的地选择和路径选择方面做了深入研究，取得了大量研究成果。用于交通规划目的的相关模型大都是静态的，相对于静态交通模型，动态交通分配（DTA）模型可以揭示拥堵的形成机理与传播过程，其主要特征是把路段阻抗与其流量的二维问题变成了路段阻抗、交通流量以及时间的三维问题。按照研究方法的不同，国内外关于DTA的研究可以分为两类，即数学解析法和模拟仿真法。前者是后者的理论基础，而后者是前者的具体应用。基于数学解析的DTA研究又可以分为数学规划模型、最优控制理论模型以及变分不等式模型等。尽管基于数学解析方法的DTA研究已经较为成熟，但由于实际的城市交通网络是一个非常复杂的巨量系统，很难建立起统一的数学解析模型来真实地刻画交通需求与众多影响因素之间的动态关系，计算过程复杂，实现起来比较困难。因此，许多城市交通软件采用了解析和模拟相结合的方法。

国内在这方面的研究工作始于20世纪80年代，静态交通分配模型与算法被王炜等人引入其开发的城市交通规划软件中。黄海军、高自友、张宁、周晶、张小宁等人在城市交通网络流方面取得了一批进入国际行列的成果，1992年以来在著名刊物 *Transportation Research Part B* 上发表了20多篇论文，并被大量引用。他们研究的问题包括：多车种交通分布与交通分配的组合模型，动态交通分配模型，瓶颈排队模型，Logit 随机均衡分配模型，OD 需求矩阵估计，公交车流分配模型，拥挤交通流收费模型，以及这些模型的求解算法。

总结交通需求生成与时空分布研究近 20 年的进展和趋势，主要有：①进一步深化各种以静态交通分配为核心的模型和算法；②将网络流模型建立在出行活动上，即基于活动链（activity-based）的建模技术；③信息技术对网络交通行为的影响；④拥挤道路使用收费的模型和理论；⑤考虑多方式转换的网络交通流模型。

### （二）城市交通需求管理及评价

交通需求管理的核心是通过各种手段引导居民的出行行为，调控交通需求在时空上的分布状态，使整个城市交通系统的供需达到相对平衡，以保证其有效运行。国内外在交通需求引导方法方面做了大量研究，包括土地使用与网络规划、财政补贴、拥挤收费、停车管理、交通信息诱导以及信号控制等。在这些研究中，交通需求管理的目标通常是降低拥堵，然而由交通拥堵引发的其他外部成本（比如环境污染、能源消耗）却没有被充分考虑。同时，以前的研究大多只针对单一机动车方式的城市道路交通系统，而对于包含小汽车、地面公交、城市轨道交通、自行车在内的多方式综合交通系统的研究还没有深入展开。

另外，20 世纪 70 年代后，由于世界性的能源危机，石油短缺、油耗费用增加以及汽车尾气污染日益严重，交通研究者和决策者逐渐认识到城市交通对城市生态环境造成的巨大负面影响，城市交通发展面临着一系列矛盾，例如，交通需求的快速增长和交通设施的有限供给之间的矛盾，城市环境承载力和车辆尾气排放之间的矛盾以及不可再生能源短缺和其交通损耗之间的矛盾等。城市交通可持续发展的理念随之而生，国内外专家学者从不同的角度对城市交通系统进行了评价研究。例如，城市交通发展对生态环境的影响评价，城市交通发展对能源消耗的影响评价以及城市交通发展对土地资源的影响评价等。这些研究在一定程度上加深了对城市交通与社会生态之间关系的认识，但还存在很多不足，例如，大多数现有研究只是简单采用数据统计的方法对某个区域或某条道路进行交通影响分析，而没有从整体上给出交通系统运行状态的变化趋势和评价指标；或者只关注某一个评价指标，而没有综合考虑众多指标之间的互动关系，也没有对交通系统的综合社会成本进行评估。

### （三）城市公共交通

大城市综合交通系统的构建与城市交通结构的组成以及交通网络的布局密切相关。由于公共交通是一种运载能力大、运送效率高、运输成本低、环境污染小的交通方式，许多城市都把优先发展公共交通、明确公交主导地位作为调整城市出行结构、缓解城市交通压力的重要手段，相关领域的研究受到了学者的广泛关注。在公交主导型交通结构下，道路网络与综合交通网络的特性分析及其相互作用机理与耦合理论是研究的重点。在地面公交网络和轨道交通网络的层面，基于乘客广义费用与公交运营成本的平衡，研究网格式、放射式、轴幅式与走廊式公交网络的特性，确定相应网络结构下的停靠站站距、线路间距与发车频率的关系。在此基础上，推广公交网络的结构形式，采用竞争机制选择最优网络并确定不同网络的特性。基于轨道交通网络的统计特征和拓扑结构，对轨道网络的乘客流量分布规律进行定量分析。此外，类比道路通行能力，研究公交网络的承载力，建立公交承载力与服务水平以及公交线网之间的关系模型。

随着对网络研究的深入，人们发现许多公交网络都是小世界网络，小世界网络中存在着许多枢纽。由于枢纽等交通网络节点的布局会影响居民的出行行为，而其出行的分布反过来又会影响交通网络的运行。因此，很早就有学者提出公交网络的布局与结构形态将会影响公交服务的可靠性，进而反馈到居民的出行特征与需求上。之后，这一关系被进一步扩展到了道路网络和公交网络的协同层面。基于不同道路网络结构和不同公交网络评价指标，提出了关于线网布局和公交网络的优化问题，研究了公交快线、主干线、次干线与支线的等级配置设计。在公交网络与道路网络的耦合层面，研究了公交换乘、公交调度、网络间信号协调控制等热点问题。一些技术已经或即将运用在实践中，如以引导小汽车合理使用、鼓励与提倡公交出行为目的的停车换乘技术（Park & Ride）；以解决线路重复系数过大，提升公交站点覆盖率为目的的"一路一线直行式"公交网络布局技术。

近年来，我国许多大城市都修建了市内轨道，形成了轨道交通网络，由此引发的轨道交通网络与道路网络的互动问题、轨道网络与地面公交网络的衔接和换乘问题以及三者之间的耦合问题亟待解决。近些年，在枢纽的合理位置与布局、站点的优化设计、接驳、无缝换乘与衔接方面产生了许多研究成果，如公交与轨道共用站台的设计与布局、轨道与地面公交换乘系统的建模、轨道网络与支线公交网络的协同优化等。

### （四）多方式交通运行的协同组织与控制

多方式交通运行的协同组织与控制主要是指从时空资源协同配置、综合枢纽协同组织、公交协同组织与调度、交通流协同控制、停车换乘协同组织等5个方面，研究多方式交通网络系统运行的协同组织与调控，以提高城市交通网络的整体承载能力和运行效率，缓解交通拥堵。

早期的交通空间资源配置研究主要集中在单向交通组织、公交优先车道和潮汐车道等问题上，近期的研究开始关注BRT（快速公交）、HOV（高乘车辆）及慢行交通系统等，试图通过提高交通工具的乘用率和断面的通行能力，改善交通运行状态和提高出行效率。时间资源的配置研究主要集中于公交信号优先，兼顾行人、非机动车等优化控制，以及配置方法的适用条件和原则。然而，对多方式交通网络时空资源配置的影响因素及相互作用机理，目前的国内外研究是不足够的，尚未形成多方式交通时空资源动态协同配置的理论与方法。

专题报告

51

交通枢纽是提高城市多方式交通系统运行效率的关键，早期研究侧重于单一方式交通枢纽的布局规划与选址等，近期研究开始关注综合交通枢纽的布局规划、换乘规划、内部设施能力优化设计、换乘客流交通组织等问题，综合交通枢纽可能同时覆盖航空、轨道（地面和地下）、汽车（私人汽车和公共汽车）等多种交通方式。其中，枢纽内部多方式换乘客流特性研究侧重于出行者个体之间的相互作用和自组织行为；客流组织则集中于大型事件或特殊地域内大规模客流的集散研究。然而，当前我国研究对综合交通枢纽系统交通运行特征和基本规律的认识还不深刻，缺乏从时空资源优化角度探索枢纽交通组织和效能优化的基础理论和应用方法。

近年来，公共交通的协同组织主要从常规公交与轨道交通的客流均衡、轨道交通末端衔接的可达性和小汽车交通向公共交通转移等方面进行了初步研究。在公共交通的调度方面，研究了交通网络的时刻表协调和优化、车型配置、发车频率和区间车的设置等问题。然而，多方式公共交通组织和区域调度理论研究还处于探索阶段，尚未形成常规公交、快速公交及轨道交通等组织优化和协同调度的理论与方法。

交通协同控制经历了道路信号交叉口单点、协调、自适应控制三个阶段，形成了TRANSYT、SCATS、SCOOT 等控制系统。基于动态交通流分配的路网信号控制参数优化方法在交通常态条件下取得了一定的效果，但在交通过饱和状态下表现不佳，各种改进模型由于其复杂性尚不能被推广应用。缺乏对多方式综合网络交通运行特征的描述，尚未形成多方式交通网络交通状态协同控制理论，不能适应复杂多变的城市综合交通需求。

停车换乘（P&R）研究主要集中于常规停车场的规划与管理、基于行为分析和平衡模型的停车换乘需求，以及停车换乘需求吸引范围等。然而，停车换乘对出行行为和出行方式选择的影响机理以及对均衡综合交通网络交通流的调控作用，目前的研究还不足，尚未形成多方式交通停车换乘的运行组织理论，缺乏停车换乘设施运行管理模式和效果评价方法。

### （五）城市交通系统可靠性与应急策略

面对复杂多变的交通系统，交通学者将可靠性概念引入研究中。在交通方式上，涉及轨道交通运行、公交运行、出租车运行等的可靠性；在研究对象上，涉及路段通行能力、交叉口通行能力以及道路网络的可靠性；在可靠性指标方面，定义了路网连通可靠性、行程时间可靠性、路网容量可靠性、畅通可靠性、计划可靠度、停车可靠度等指标；在可靠性计算方面，一方面可利用线圈检测器数据、交通管理中心数据或 SP 调查数据等进行交通可靠性计算，另一方面可利用蒙特卡罗模拟仿真和理论推导来计算交通可靠性指标。在行程时间可靠性框架下，学者们研究了行程时间可靠性对出行行为的影响，提出了考虑行程时间可靠性的交通分配方法，并开展了考虑可靠性的路网优化和交通管理措施等研究。总体看来，尽管对交通系统运行可靠性的研究已做了不少工作，但其研究热点主要是道路网络可靠性，对于综合交通系统尚缺乏全盘的考虑，缺少各种交通方式协同运行下的可靠性耦合机理分析，缺乏对大城市综合交通系统脆弱性特征的深入分析。

交通应急策略是城市应急策略的重要组成部分，其中对聚集人流和车流的快速可靠疏散是交通应急策略研究的重点。从 20 世纪 70 年代以来，许多学者从需求控制（分阶段、分优先级的疏散）和供给控制（疏散路径分配、逆行车道设置以及关键疏散通道上的信号控制调整）两方面对城市交通应急策略进行了研究。疏散路线的构建和路网分配问题是交通应急疏散的关键问题，也是当前研究的热点。交通需求和供给的不确定性、灾难心理等因素对交通应急策略的影响正逐渐受到研究者的关注。我国各大城市和各相关部门针对大型活动、突发事件等情况，制定了一系列应急预案，如交通运输部的《公路交通突发事件应急预案》、北京市的《北京市雪天交通保障应急预案》等。但整体而言，我国的交通应急策略研究基础研究还相对落后，特别缺乏针对我国交通行为特性和城市综合交通可靠性特征的应急策略研究。

可以预见，随着综合交通系统的建立和完善，未来超大城市、大城市交通可靠性和应急策略研究会呈现出以下趋势：①从单一交通系统可靠性研究向综合交通系统可靠性研究扩展，建立包含路段、枢纽、网络的多层次综合交通系统协同运行可靠性模型；②考虑出行行为、交通供需波动、路网交通流行为、综合交通系统结构、交通管控等与系统可靠性的相互作用机理；③分析交通系统的临界性特征，揭示影响可靠性的关键要素；④分析交通行为、交通可靠性和应急策略的相互作用关系。

## （六）综合交通系统信息感知、集成及协同诱导

实时、准确的交通信息获取是实现交通控制与管理、交通服务等应用的前提和关键。传统上比较重视交通流信息的采集，根据被采集车辆是否与采集系统进行交互，即是否独立于采集系统，交通信息采集技术分为两类——独立式采集技术和协作式采集技术。独立式采集技术包含磁频检测、波频检测以及视频检测三类。独立式采集技术应用时间较早，应用范围较广。协作式采集技术起步比较晚，但发展很快，典型的技术包括如下几种：①基于浮动车的技术，在这个系统中，车辆速度被作为评价当前交通状态的原始变量；②基于 GPS（全球定位系统）位置信息的技术，利用 GPS 返回的经纬度数据估算路段平均速度；③基于 RFID（射频识别）的技术，20 世纪 80 年代开始使用，90 年代得到繁荣发展；④基于蜂窝网络的技术，美国通信委于 1996 年发布，促进了手机定位服务的发展。值得注意的是，未来交通信息采集技术的发展趋势是多种采集方式的融合。现代系统理论的发展和信息技术的推陈出新，对综合交通信息的感知、集成并进行多式协同诱导，是重要的发展方向。

居民出行基础数据的获得，传统上主要靠大范围的人工调查，涉及众多单位和人员的安排，实施前还需要进行较长时间的筹备，为此，人们开始研究新的出行信息获取方法。随着 GPS 的民用化推进以及计算机处理技术的提高，许多研究者开始关注将 GPS 设备用

于居民出行调查。1997 年，美国首先开始使用 GPS 设备对驾驶者的出行行为数据进行分析，并拓展到包括个人出行的所有出行形式调查中。随着手机普及以及相关法规的颁布，通过手机产生出行信息成为可能，加利福尼亚大学对此进行了深入研究。自动售票检票（AFC）系统以其高效经济的特点得到广泛应用。2004 年，韩国首尔引进了智能卡交通收费系统，该系统能提供区域内包括乘客上下车时间地点、转乘点在内的丰富信息。目前，国内 IC 卡发行的总数大约有 2400 万张，在地铁和公交车乘客中办理 IC 卡的人数平均占总通勤人数的 60%，有 16% 的人用 IC 卡换乘。

基于已有的交通信息提取和分析手段对交通信息进行融合，是进行综合交通系统诱导的条件。交通信息的采集提取、融合与集成理论是智能交通的研究热点。现阶段交通信息采集发展最快的是基于手机和车路协同的方法，所提供的交通信息种类更加丰富、准确度更高、实时性更强。信息融合技术综合利用人工智能的理论和方法，对来自多传感器的多源异构数据进行处理与合成，获得更完全和准确的信息，主要包括卡尔曼滤波、人工神经网络、统计分析等方法。交通信息集成是针对交通信息的分布性、异构性和广域性等特点，在广域网环境下建立适合多用途交通信息集成要求的信息交互协作与组织体系框架，以最大限度地保留有用信息，去除冗余信息或噪声。利用信号处理技术（如小波变换）和优化理论来寻找基于不同数据源的最佳信息，以达到多源信息的融合和集成，是该领域的研究重点。

交通诱导理论起步于车辆诱导系统研究，通过对道路上的车辆进行诱导，从而提升网络运输效率。代表性的有日本的 VICS（道路交通情报通信系统）、欧洲的 SOCRATES 动态路线引导系统和美国的 TravTek 系统等。近年来，利用综合交通系统信息进行诱导正在成为理论研究和应用实践的热点，代表性的有：①综合交通系统的可达性和连通性理论；②综合交通系统的出行时间、费用对服务质量的影响因素分析；③综合交通系统的出行方式选择模型；④不同停车费用情况下的需求变化，以及停车费、出行时间和出行费用关系研究；⑤交通枢纽换乘瓶颈研究等。尽管国内外已展开对综合交通系统诱导的研究并取得一定的成果，然而其诱导理论仅是基于静态信息的统一诱导，不能针对交通实际情况的变化产生实时的、个性化的诱导，在对现有多源交通信息的分析、融合和利用方面仍有不足之处。

### （七）城市综合交通系统发展实证研究

这方面的国内外进展主要包括以下 4 个方面：

（1）城市发展空间布局与综合交通系统建设模式关系研究

有学者分析世界主要城市的发展历史，依据空间布局将城市综合交通系统建设发展模式归纳为 5 种类型（小汽车导向型、公交导向型、慢行导向型、不完全发展型、均匀发展型）。在城市机动化发展的成熟阶段，荷兰将非机动交通作为城市综合交通发展模式的重要组成部分。国内对于综合交通建设发展模式的研究在 20 世纪 90 年代也已经开始，研究成果主要集中在城市交通发展模式、城市交通结构、公共交通优先与建设、区域综合交通系统结构发展趋势分析与预测等方面。

国外经验表明，一旦选择了乘坐小汽车作为城市综合交通的主要出行模式，再促使其向公共交通转移是十分困难的。尽管目前国内对于优先发展公共交通已有共识，但针对不同特征类型的大城市，综合交通系统的具体建设模式仍然需要深化研究。

（2）城市土地利用模式与综合交通系统结构关系实证研究

国外研究较侧重土地利用对居民出行选择的影响，对土地利用强度、人口、居住、就业等因素对机动车出行率、出行距离的影响研究比较充分；国内对土地利用与交通结构的关系模型的研究总体上还在探索阶段。由于城市土地利用和交通系统的复杂性和不确定性，出行行为模型参数的确定还需要进一步研究。国内外的主要研究成果包括：基于出行总量消减的城市交通土地使用模型、公交导向发展战略分析、城市空间结构对出行需求的影响分析、考虑大容量轨道交通的可持续性的公交导向土地规划模型、土地利用强度对公共交通的促进、反映道路网络总体交通效率的土地利用与交通模式等。

（3）城市综合交通结构优化方法及实施策略实证研究

城市综合交通结构优化研究起源于20世纪50年代后期美国芝加哥都市圈交通规划（CATS）中的"交通方式分担比例"观点。其核心内容是确保城市交通顺畅，应当依据不同的场合、目的和时间，使各种交通方式的利用达到适当的平衡。1951年，美国的一份研究消费者从居住地去工作地出行的报告指出，消费者最关心的不是住所与工作地之间的距离，而是这段距离所花费的时间，并根据花费的时间选择不同的交通方式出行。印度德里地区的案例研究表明，地面公交主导型交通结构可减少能源消耗31%，而轨道交通主导型交通更可减少能源消耗61%。

我国对于交通结构的研究几乎与机动化高速发展同时开始，基于不同目标提出的交通结构优化模型在规划实践中也得到了应用，但是相关因素的确定和选取还具有假定性，部分模型的约束条件还未能全面定量化，对相应影响因素的分析还需要进一步深入。国内研究人员以北京市为例，在借鉴国外大城市交通结构演变历程基础上，研究了区域与城市综合交通结构演变的阶段性特征理论，结合区域与城市经济发展的历史状况，分析了我国内地综合交通发展的结构变化的动因，给出了结构变化的一种趋势预测，提出了北京城市综合交通发展的5个典型阶段及特征内涵。另外一些国内学者研究了基于交通效率等目标的多目标城市交通结构优化模型。

（4）综合交通系统中多方式交通竞争与协同发展研究

公共交通和私人交通是城市综合交通的两大主要部分，尤其是关于公共交通、非机动车和私人机动车交通在运输效率、竞争能力、资源消耗、环境污染等方面的比较，一直是综合交通系统优化的研究重点。国内外主要研究进展包括：考虑用户偏好条件下对轨道交通时刻表进行优化（竞争力提高）的模型，新加坡的交通节能管理计划编制模型，美国近郊区活动中心的交通需求管理措施效果评价指标及量化模型，郭继孚等人针对北京中非论坛、2008年奥运会及北京后奥运会时期的城市交通需求管理措施开展的实证研究。

# 三、我国的发展趋势及对策

城市的存在意义是为了节约社会经济活动的交易成本，但城市规模对广义交易成本节约的边际贡献并不是单调递增的，当城市规模超过一定极限值之后，承载与实现社会经济活动的交通网络就非常庞大，运行成本非常高，还会带来一系列的负面附加影响。《国家中长期科学和技术发展规划纲要（2006—2020）》明确指出"当前，综合交通体系建设滞后，各种交通方式缺乏综合协调；交通能源消耗与环境污染问题严峻"，交通运输行业的发展思路为"以提供顺畅、便捷的人性化交通运输服务为核心，加强统筹规划，发展交通系统信息化和智能化技术，安全高速的交通运输技术，提高运网能力和运输效率，实现交通信息共享和各种交通方式的有效衔接，提升交通运营管理的技术水平，发展综合交通运输"。经过最近30年的快速发展，我国经济较为发达地区的大城市及超大城市的交通基础设施比较完善，已经基本建立起综合交通体系。随之而来的是，城市居民的出行次数和出行距离也大大提高，出行行为和出行方式发生了深刻变化。由于传统的城市交通发展模式主要专注于通过基础设施投资提高道路的通行能力，然而道路通行能力的改善又会诱发新的机动车出行需求，使具有绿色环保特征的步行和自行车交通在发展中处于弱势，而这些弱势出行群体却要承受机动化所带来的不安全、污染等危害，产生了一系列社会问题。此外，公共交通和一般机动车相比在环境污染、能源消耗等方面具有明显优势。优先发展城市公共交通，建设包括步行、自行车等在内的公交主导型多方式综合交通系统，已成为国内外大城市交通发展的共识。

现代城市综合交通系统是由多种交通方式和多层次出行需求构成的动态开放复杂巨系统，不同交通方式之间相互协调，共同服务于城市发展和居民的多样化出行需求，每种交通方式在综合系统中的定位与作用既与自身特征有关，也与居民出行需求的层次和分布相关。我国大城市居民居住和就业模式所产生的交通出行活动以及所形成的流量分布特征不同于西方发达国家，因此，针对我国大城市的综合交通环境，需系统深入地研究城市居民出行的复杂抉择行为和多层次交通需求的生成机理，探索复杂交通需求的时空分布规律，揭示交通拥堵与环境污染和能源损耗等社会成本之间的作用关系，构建与多层次交通需求相匹配的城市综合交通资源管理理论，剖析地面公交网络、轨道交通网络、道路交通网络的相互作用机理，建立多方式交通网络系统的耦合理论，发展多方式协作运营过程中的组织、调控与协同理论。这不仅对发展交通科学具有重要的学术价值，而且对实现以人为本、结构合理、协调发展的我国城市综合交通可持续发展具有非常重要的现实意义。此外，城市交通系统在运行过程中受到恶劣天气、事故、大型活动、恐怖袭击等随机因素的威胁与干扰，降低了系统的可靠性和承载能力，增加了出行者实现出行目的的不确定性。拥挤程度越高、规模越大、交通结构越复杂的城市，交通系统越容易崩溃。对于北京和上海等交通系统比较脆弱的超大城市，深入研究综合交通系统的运行可靠性，揭示不同时空尺度下以道路交通和城市轨道交通为主的交通系统运行可靠性的耦合机理及演化规律，探索提高抗干扰的能力、应对突发事件的措施和保障大型社会活动的交通组织预案，对确保系统稳健运行具有重要的理论意义。

从交通需求管理和多方式协同两个方面系统深入地研究大城市综合交通系统的运行机理、发展规律和管理控制，是城市交通问题的核心科学问题。

在交通需求管理方面，首先要研究具有不同时空特征的交通需求在城市综合交通系统中的产生过程：不同类别的出行者是如何决定出发时间、出行方式，如何选择换乘地点、交通工具和路径，最后将导致怎样的网络流量分布，也就是要将巨量的微观离散个人决策结果转化为网络宏观聚集现象；同时，还要研究由多层次、多类别的出行个体决策行为所导致的均衡网络流量，是怎样随系统内在机制和外部条件的变化而变化的。事实上，在城市综合交通系统中，网络上的各种流量都是交通需求在有限时间与空间上的聚集结果，也就是所有出行者进行各种复杂出行决策所形成的宏观聚集结果，而出行者的出行决策，一般都要经过出行需求产生、信息搜集、评价与选择、出行、反馈等五个步骤，每一个步骤都包含着极其复杂的行为机理。从另一个角度看，人的出行活动本质上是一种社会经济活动，交通需求及其在交通系统中的各种活动均受到大量社会经济等外部因素的影响，这使得城市多方式交通需求分析变得更加困难，不仅使交通科学家绞尽脑汁，也引起数学家、经济学家和物理学家的广泛关注。

目前，关于交通需求的产生机理及时空分布研究的论文主要发表在 *Transportation Research Part B*、*Transportation Science* 等著名刊物上。相关理论被广泛应用于交通运输工程学科的许多领域，如交通规划、交通控制、道路与交通工程设施设计等。虽然交通需求分析理论已经取得了大量成果，甚至进入具体的社会经济活动层面（如基于活动的建模方法），但还无法达到充分准确地描述、解释和模拟城市综合交通系统中的各类复杂出行决策行为，以及多方式交通需求时空分布规律的要求。

如何通过各种手段引导居民的出行行为，进而调控交通需求在时空上的分布状态，使整个交通系统的运行更加有效，这个问题引起了众多经济学家、信息科学家和管理学家的关注。交通管理不同于以经济效益为目标的企业管理，而是一种以稳定社会、保证经济正常发展、追求社会效益为目标的社会管理。交通管理的对象是包括人、设施以及交通工具在内的各类交通要素，而不同要素之间彼此作用、相互制约，其管理机制更加复杂。因此，交通管理研究必须基于多学科交叉融合，是典型的综合交叉科学。这方面的研究成果主要发表在 *Management Science*、*Operations Research*、*European Journal of Operational Research* 以及 *Journal of Transport Economics and Policy* 等著名刊物上，研究拥堵收费、停车收费等经济措施，错时上下班、限号出行等管理措施，信息发布、路径推荐等技术手段，来调节出行需求的时空分布，乃至抑制无效和低效需求的实现，从而实现系统最优化。

随着低碳经济越来越受到各国政府的重视，以低污染、低能耗为目的的"低碳出行"备受关注，优先发展公交、约束小汽车增长已经成为共识，与之相关的城市交通可持续发展也已成为交通科学理论研究的热点。近年来，众多环境科学家研究交通对整个城市生态以及城市可持续发展的影响，其成果主要发表在 *Transportation Research Part D*、*Ecological Modelling*、*Ecological Complexity*、*Journal of Environmental Management* 和 *Atmospheric Environment* 等著名刊物上。

在多方式协同方面，要研究多层次公交方式与居民出行效率之间的关系和公交主导型交通网络的多方式系统耦合理论，提出适合我国国情、低碳高效的城市公交主导型综合交通发展模式，通过大幅提高公交的吸引力和承载力，显著提升城市综合交通系统整体运行效率，为我国大城市综合交通系统规划、设计与管理提供基础理论支持。

随着城市用地和交通基础设施供给规模的形成，城市交通管理与运营越来越注重通过对多种交通方式的全面整合，形成综合、协调、高效的多方式城市综合交通系统，以发挥综合效能，缓解道路交通拥堵和降低车辆运行能耗。在城市综合交通网络中，构建以城市公共交通为主体，轨道交通为骨干的综合交通体系，对于解决交通网络运行效率和承载能力低、交通拥堵、交通事故、交通污染等一系列城市交通问题具有重要作用。研究多方式交通运行的协同组织与控制理论和方法，要重点对多方式交通运行的综合枢纽协同组织、时空资源协同配置、交通流协同控制、轨道交通与地面公交、干线交通与末端交通、社区微循环公交与其他公交等内部协同组织与调度、停车换乘的协同组织等问题展开系统深入研究。

无论是交通需求管理研究，还是多方式协同组织研究，采集交通信息和分析数据是基本前提。传统的交通信息采集技术多侧重于路面交通流信息，而居民出行基础数据主要通过大范围人工调查获得。近年来，智能化、自动化的个体及群体出行行为信息的新型提取技术越来越成熟，这些技术综合运用数据挖掘、人工智能、地理信息系统、交通工程学和信息科学等方面的知识，借助数学模型提取多模式、不同数据源的信息特征，获取出行行为的全程信息，并经过处理后发布，达到积极诱导交通行为的效果。

总之，深入研究我国大城市交通需求的生成机理、系统运行的规律特点、多方式综合协调的基础理论和政策措施的统筹优化等科学问题，在我国大城市中推行多方式交通协调发展与控制，坚持"公交优先"和"需求管理"并举策略，有效调控和诱导小汽车出行，提高城市交通时空资源利用效率，对于我国城市交通的可持续发展具有非常重要的意义。城市交通管理研究的目的和我国交通科技发展的战略是一样的，即"发展一个体系、解决三大问题（发展现代综合交通体系，降低交通能源消耗与环境污染、减少交通安全事故、缓解交通拥堵）"。城市交通管理的具体措施主要包括：城市形态、交通模式与道路网络结构优化，交通需求引导与管理，道路交通流管理，以轨道交通为骨架的大城市一体化公共交通系统建设、运行和管理（包括换乘枢纽），城市智能交通管理系统的建设和管理（城市交通智能信息平台、行车诱导系统、拥堵收费系统等）。

**致谢：**

感谢参加"973"计划项目"大城市综合交通系统的基础理论与实证研究"的所有研究人员，包括东南大学王炜教授、清华大学张毅教授、北京航空航天大学王云鹏教授、北京交通大学邵春福教授和毛保华教授等，本报告在编写中重点参考了该项目的申请书。

# 参 考 文 献

［1］ Ben-Akiva M.E., Lerman S.R. Discrete Choice Analysis: Theory and Application to Travel Demand ［M］. Cambridge, Massachusetts, MIT Press, 1985.

［2］ Sheffi Y. Urban Transportation Networks: Equilibrium Analysis with Mathematical Programming Methods ［M］. Prentice-Hall, Inc., Englewood Cliffs, NJ, 1985.

［3］ Wardrop J.G. Some theoretical aspects of road traffic research ［J］. Proceedings of Institution of Civil Engineers-Part II, 1952, 1: 325-378.

［4］ Beckmann A.B., McGuire C.B., Winsten C.B. Studies in the Economics of Transportation ［M］. Yale University Press, New Haven, Connecticut, 1956.

［5］ 郭继孚，等. 交通需求管理：一体化的交通政策及实践研究 ［M］. 北京：科学出版社，2009.

［6］ Yang H, Huang H J. Principle of marginal-cost pricing: How does it work in a general network? ［J］. Transportation Research Part A, 1998, 32(1): 45-54.

［7］ Yang H, Huang H J. The multi-class, multi-criteria traffic network equilibrium and system optimum problem ［J］. Transportation Research Part B, 2004, 38(1): 1-15.

［8］ Gao Z Y, Sun H J., Shan L.L. A continuous equilibrium network design model and algorithm for transit systems ［J］. Transportation Research Part B, 2004, 38(3): 235-250.

［9］ Gao Z Y, Sun H J., Wu J J. Solution algorithm for the bi-level discrete network design problem ［J］. Transportation Research Part B, 2005, 39(6): 479-495.

［10］ Huang H J, Lam W.H.K. Modeling and solving the dynamic user equilibrium route and departure time choice problem in network with queues ［J］. Transportation Research Part B, 2002, 36(3): 253-273.

［11］ Tian Q, Huang H J., Yang H. Equilibrium properties of the morning peak-period commuting in a many-to-one mass transit system ［J］. Transportation Research Part B, 2007, 41(6): 616-631.

［12］ Huang H.J., et al. Inefficiency of logit-based stochastic user equilibrium in a traffic network under ATIS ［J］. Network and Spatial Economics, 2011, 11(2): 255-269.

［13］ Liu T L, Chen J, Huang H J. Existence and efficiency of oligopoly equilibrium under toll and capacity competition ［J］. Transportation Research Part E, 2011, 47(6): 908-919.

［14］ Tian Q, et al. Efficiency and equity of ramp control and capacity allocation mechanisms in a freeway corridor ［J］. Transportation Research Part C, 2012, 20(1): 126-143.

［15］ Tian L J, Huang H J, Gao Z Y. A cumulative perceived value-based dynamic user equilibrium model considering the travelers' risk evaluation on arrival time ［J］. Network and Spatial Economics, 2012, 12(4): 589-608.

［16］ Wu W X, Huang H J. Equilibrium and modal split in a competitive highway/transit system under different road-use pricing strategies ［J］. Journal of Transport Economics and Policy, 2014, 48(1): 153-169.

［17］ Xu M, et al. Mass-transit systems of Beijing: governance evolution and analysis ［J］. Transportation, 2010, 37(5): 709-729.

［18］ Xu M, Grant-Muller, S., Gao Z Y. Evolution and assessment of economic regulatory polices for expressway infrastructure in China ［J］. Transportation Policy, submitted.

［19］ Xu M, et al. Transport management measures following the Beijing 2008 Olympic Games: will they encourage sustainable development? ［J］. International Journal of Sustainable Transportation, submitted.

［20］ Yang M, et al. Modeling destination choice behavior incorporating spatial factors, individual socio-demographics and travel mode ［J］. Journal of Transportation Engineering, 2010, 136(9): 800-810.

［21］ Liu T L, et al. Continuum modeling of park-and-ride services in a linear monocentric city with deterministic mode choice ［J］. Transportation Research Part B, 2009, 43(6): 692-707.

［22］Zhang H S, et al. Spatial temporal traffic data analysis based on global data management using MAS［J］. IEEE Transactions on Intelligent Transportation Systems, 2004, 5(4): 267-275.

［23］毛保华，彭宏勤，贾顺平. 2009年中国综合交通体系发展趋势研究［J］. 交通运输系统工程与信息，2010, 10(2): 17-22.

撰稿人：黄海军　高自友

# 智能知识管理发展研究

## 一、引言

### （一）智能知识管理产生背景

知识管理一词最早出现在 20 世纪 70 年代，从广义上看，知识管理指的是对企业（或组织）内所有与知识有关的活动、业务、计划及政策的系统的管理。作为知识提取的重要环节，数据挖掘的技术出现于 20 世纪 80 年代后期，它是从大量的、不完全的、有噪声的、模糊的和随机的数据中，提取隐含在其中的、人们事先不知道的、但又是潜在有用的信息和知识的过程。随着计算机技术的迅猛发展和 Internet 技术的普及，数据挖掘技术得到了飞速发展和广泛应用。根据中投顾问发布的《2012—2016 年中国 IT 外包市场投资分析及前景预测报告》，2012 年我国信息技术外包服务包括与数据挖掘有关的市场规模将达到438 亿元人民币左右。2009 年，Gartner（高德纳咨询公司）再次报道，由于缺乏有效的信息处理过程与工具，全球化的 5000 家企业中，35% 以上的企业无力面临商业与市场剧烈变化中做出有效的决策。与此对应的是，至 2012 年，企业将在以数据挖掘为基础的商业智能（business intelligence）上花费至少 40% 的预算。社会已经进入大数据（big data）时代。但是，人们却缺少能正确地寻找决策支持的知识。

随着高新技术的发展、知识密集型产业的出现和迅速成长，知识已经成为促进经济增长、发展企业核心竞争力的首要生产要素[1-4]。

数据挖掘因为可以利用计算机强大的计算能力，弥补人脑在逻辑运算方面的不足，从海量的数据中提取出新颖的、有趣的、潜在有用的和最终可理解的知识[5]。作为来源于数据和信息的知识获取的主要渠道，数据挖掘产生的知识往往无法从专家经验中获得，其特有的不可替代性、互补性为辅助决策带来了新的机遇，成为后信息化时代获取知识的关键技术和商业智能的关键要素。经过十多年的发展，数据挖掘在国外已经形成一个非常成熟的研究领域，学者们提出许多经典和改进算法，取得了很多研究成果，并且已在银行、超市、保险公司等领域得到了实际应用[6-8]。

然而，目前这个学科在实际应用也发现了一些重要问题，并阻碍了其商业应用。

从用户的角度看主要表现为规则过载、脱离情境、忽略已有知识和专家经验，这些问题使得传统数据挖掘提取出来的知识往往与现实偏差较大，难以用于决策支持，是不可行动的知识。

从知识管理的角度看，来源于数据的知识发现和数据挖掘呈现出下列特点：

1）数据挖掘和知识发现的主要目的是找到知识为决策提供支持，但从知识管理的角度看，目前只是关注的是数据挖掘的过程，这导致知识发现过程发现的可能不是用户真正感兴趣的、可行动的及其现实世界的知识。这就需要在数据挖掘获得的结果上进行"二次"挖掘，以更加符合实际决策的需要。具体表现在：①规则过载导致很难找到用户真正感兴趣的知识：规则主要表现为深度上的过载和数量上的过载，难以使用户找到可以直接用来决策的知识。②表达解释困难使可理解性及实用性差：不同的数据挖掘算法得到的知识表现形式差别很大，质量参差不齐，知识之间存在不一致、甚至冲突，表达起来困难。③时效性差：现实数据在不断变化中，在原某一时点挖掘得到的知识需要更新。④集成性差：挖掘用的数据集分散导致知识也分散在各个不同的部门，难以得到集成应用，无法反映系统的整体规律。

2）目前的数据挖掘和知识发现过程是以数据为驱动，技术为导向（过于重视计算机技术和算法）的，过于关注技术的完美而忽视了实用性和对决策的支持；忽视了领域知识、专家经验、用户意图和情景等因素的影响。

知识与信息的不同之处有三个方面：首先，与信息不同的是，知识与信念、承诺有密切的关联，知识所反映的是一种特定的立场、视角或意图。其次，知识是关于行动的概念，知识总是"为了某种目的"而存在的。最后，知识与信息均和含义（meaning）有关，但知识具有依照特定情景而定的特征，而且显示有关联的属性。

由于知识结构的复杂性和认知过程的渐进性，这就要求知识发现技术在不同的抽象层次上要进行交互发掘。有效地决策过程往往需要经过多次人机交互和反复。在数据挖掘过程中保留必要的中间结果，通过人机交互、动态调整挖掘目标、用户的背景知识和指导作用可以加快挖掘的过程，并且保证了所获得知识的有效性。但目前的系统或工具却很少能真正让用户参与到挖掘过程尤其是对挖掘的结果的再处理之中。

多年来，人们一直崇尚科学的精确性和唯一性，认为只有能够用精确的数学表达的结果才是科学的，结果一直使许多难以用精确数学表达的科学问题被束之高阁。但在现实世界中，来源于数据的知识发现或数据挖掘要真正成为可行动的知识并支持企业决策，就要切实结合企业实际和一些非定量的因素，尤其要考虑具体环境、专家经验（隐性知识）、用户特定的意图、领域知识和企业情景的约束。

3）数据挖掘过程或知识发现将重点放在知识获取的前端。事实上，组织来源于数据的知识创造过程应该是在组织战略的引导下，在知识发现的不同阶段运用不同的策略加速知识的转化，形成知识创造的螺旋并最终为组织知识应用和知识资产的积累创造条件。但目前的知识发现过程导致了只是进行了这个螺旋的知识创造部分的内容，而对于如何进行"二次"处理，并将这些知识应用于企业实际、产生价值，使其作为新的知识创造的起点形成知识创造的螺旋没有涉及。因此并不能真正解释来源于数据的完整的知识创造过程。

4）通过数据挖掘获取的知识是伴随新技术而产生，通过机器学习产生的一种新知识，具有来源确定、多样性、粗糙性、时效性和分散性等特点，与目前知识管理中主要的分类方式中的隐性和显性知识不一致，很难直接用成熟的知识管理理论进行提取、存储、共享和利用，也很难套用信息论的管理理论。

### （二）智能知识管理学科发展意义

上文所提到的欠缺导致智能知识管理这一交叉学科的发展落后于其商业应用的现实需求。从上面的分析可以看到，利用数据挖掘等工具，对数据库、数据仓库、文本、互联网等知识源实施挖掘，可产生大量的模式和规则。面对如此众多的潜在模式和规则，决策者不能很好地去理解它们，从而无法把精力集中在其真正感兴趣的子集上，为决策提供支持。这就需要结合知识管理的研究成果，从人机结合的角度对产生的潜在规则进行"二阶知识发现"，以产生更好的决策支持。数据挖掘获取的知识如何应用成为难点并具有重要的学术的挑战性。只有解决了知识应用瓶颈的问题，数据挖掘的决策支持作用才能得到有效发挥，促进数据挖掘得到的知识被决策者有效利用，提高决策水平。

目前，如何通过数据挖掘获得可行动的知识，数据挖掘获取的知识如何得到组织、企业的有效应用以更好地支持决策，成为难点。只有解决了数据挖掘获得的知识的应用瓶颈问题，数据挖掘的决策支持作用才能得到有效发挥。作为一个新的研究方向，本研究具有如下研究意义和应用价值：

理论上，首先将领域知识（专家经验、领域知识、用户意图和情景）等因素引入衍生原始知识的"深层次"处理，改变以往过于重视技术因素而忽视非技术因素的弊端，用开拓来源于数据的知识发现的新方法和新思路。其次，把数据挖掘获取的原始衍生知识明确地引入知识管理领域，作为一种特殊的知识进行管理研究，尤其重视变静态数据挖掘为动态数据挖掘，考虑原始衍生知识的可转换挖掘。将丰富知识的内涵和充实知识管理的研究内容，促进数据挖掘和知识管理学科的融合，进一步完善信息时代知识管理的理论体系，有助于我国在数据挖掘与知识管理领域形成自己的特色；领域知识驱动的深层知识发现的提出及研究具有一定的前瞻性，有可能占据国际领先水平。

目前，数据挖掘理论的欠缺已导致这一交叉学科的发展落后于其商业应用的现实需求。从实践上，智能知识管理的研究将有助于解决数据挖掘和知识管理项目运作的问题和难题。

首先，领域知识的加入对数据挖掘获取的原始衍生知识的深层次处理的研究，将进一步促进数据挖掘和知识管理的企业应用水平，帮助企业深入理解客户，把握市场需求及产品定位，可以为数据挖掘的应用铺路、架桥，并加快企业知识管理的应用和决策支持水平的持续提高。其次，智能知识管理学科的研究对企业开发智能知识管理软件系统也有良好的指导作用。近五年来，由于人类利用信息技术从事科研与商业活动导致数据的急剧增长，"大数据"（big data）问题成为人类决策的挑战。任何决策都离不开对大数据的依赖，并渴望从大数据中寻求知识。但是，大量的数据不是来源于封闭式的数据库，而是来源于以 Internet 为基础的开源式存储。除了理解和利用大数据，探讨如何从数据内在的科学原理和数据分析方法中寻找科学的内涵、规律及应用而促使一个新学科——数据科学（data science）的产生。因此，本项目既定的数据挖掘与知识管理研究与数据科学和大数据息息相关，相辅相成。

### （三）智能知识管理定义与研究框架

智能知识管理强调对数据挖掘中领域知识、经验知识等的重视和数据挖掘结果的"二次"处理。虽然有学者在这个方向上做过一些研究工作，但明确提出这个概念的是中国科学院虚拟经济与数据科学研究中心的石勇教授在其 2006 年申请的国家自然科学基金委创新群体"数据挖掘与智能知识管理：理论与应用研究"和 2008 年的论文"Foundation of Intelligent Knowledge Management"中[9]。此后的近 7 年时间里，石勇教授合作团队在国家自然科学基金委员会的创新研究群体科学基金资助下，从我国在数据科学与知识管理领域实际发展的目标出发，明确地将研究方向侧重于数据挖掘新算法与由数据挖掘产生的"智能知识"的管理科学层面上，从基础理论到实际应用，将数据挖掘的基本原理与知识管理的基本原理的探索相结合，集中把具有重大学术价值的问题作为科学目标进行深入的研究，在这一交叉学科上取得了一系列原创性的突破。

"智能知识管理"概念自提出以来，引起了数据挖掘界的重视，使得管理科学与计算机科学、数学的研究人员有了共同的研究话题，开始思考如何用管理科学的方法解决和弥补计算机科学在数据挖掘研究的缺陷与不足。

智能知识管理的研究涉及许多基本概念，如原始数据、信息、知识、智能知识、智能知识管理以及由此关联到的几个重要概念如先天知识、经验知识、常识知识、情境知识等。为了使这一新的科学研究命题从一开始就走上比较规范和严谨的道路，有必要重新给出这些基本概念的定义。而且，解释这些概念的同时也进一步理解数据、信息、知识、智能知识的内在含义。结合信息论、人工职能对数据、信息、知识的相关定义，将智能知识管理相关定义界定如下[10]。

1）原始数据。某个客体（事物）的原始数据是该事物关于自身所处状态以及所处状态随时间而变化的方式的自我表述，是离散、互不关联的客观事实，用符号 $D_0$ 表示。原始数据的集合用集合 $D_0$ 表示。

这里的原始数据的特点：粗糙性（原始的，粗糙的，具体的，局部的，个别的，表面的，分散的，甚至是杂乱无章的）、广泛性（涵盖范围广）、可处理性（可通过数据技术进行处理）、真实性（事物的真实数据）。

2）衍生原始知识（信息）。为了应用的方便，需要对原始数据进行必要的数据处理，处理之后得到的初步结果（hidden pattern、规则、权重等）称为衍生原始知识（信息）。

由原始数据到衍生原始知识的转换是"数 2 据 – 知识 – 智能"转换系列中的一类初级转换，若记 $K_r$ 为衍生原始知识，这类转换可表示为：

$$T_1: D_0 \rightarrow K_r$$

3）知识（规范知识）。某种事物的知识（规范知识），是认识主体关于这种事物的运动状态及其变化规律的表述。任何知识所表述的运动状态及其变化方式，都具有形式、内容、价值 3 个基本要素，可以分别称为形式性知识、内容性知识、价值性知识。形式、内容、价值构成了知识要素的三位一体。

4）智能知识。智能知识是在原始衍生知识的基础上，在给定问题和问题求解环境的约束下，针对特定的目标，结合相关的信息和知识（本能知识、经验知识、规范知识、常识知识、情境知识）进行"二次"处理所生成的智能知识表达。

5）智能策略。策略是在给定问题和问题求解的环境约束下，针对特定的目标，基于相关智能知识所生成求解问题的工作程序。

6）智能行为。行为通常是指主体发出的动作和动作系列，智能行为是通过主体的执行机构把主体生成的智能策略转换而来的行为。

7）智能知识管理。智能知识管理是针对数据分析得到的衍生原始知识，结合规范知识（专家经验、领域知识、用户偏好、情境等因素），利用数据分析和知识管理的方法，对衍生原始知识进行提取、存储、共享、转化和利用，以产生有效的决策支持。

智能知识管理是数据分析和知识管理的交叉研究领域，它的框架如图 1 所示。

智能知识管理具有如下特征：

（A）智能知识管理的源头是通过数据挖掘获取的衍生原始知识，希望通过对原始衍生知识的系统处理，发现深层次的知识，具体而言是在已有关系基础上进一步发现其上的关系，从逻辑角度上是发现谓词间的关系或涵词间的关系。

（B）智能知识管理的目的是更好地实现决策支持，从而促进数据挖掘获取的知识的实用性，减少知识过载，提高知识管理水平，为智能决策和智能行为服务。

（C）智能知识管理的另一个重要目的是实现基于组织的，来源于数据的知识发现工程，实现组织知识资产的积累和升华。

（D）智能知识管理将是一个复杂得多方法多途径的过程。智能知识管理过程中结合技术与非技术因素，结合规范知识（专家经验、领域知识、用户偏好、情境等因素），发现的知识应该是有效的、有用的、可行动的、用户可理解的、智能的。

（E）智能知识管理的本质应该说是一种机器学习与传统的知识管理结合的过程，其本质目的在于获取知识，学习源是知识库，学习手段是归纳结合演绎的方法，其最终结果将既能够发现事实上的知识，也能够发现关系上的知识。它与知识库的组织，用户对最终寻求的知识类型都有都紧密相关，采用的推理手段可能涉及很多不同的逻辑领域。

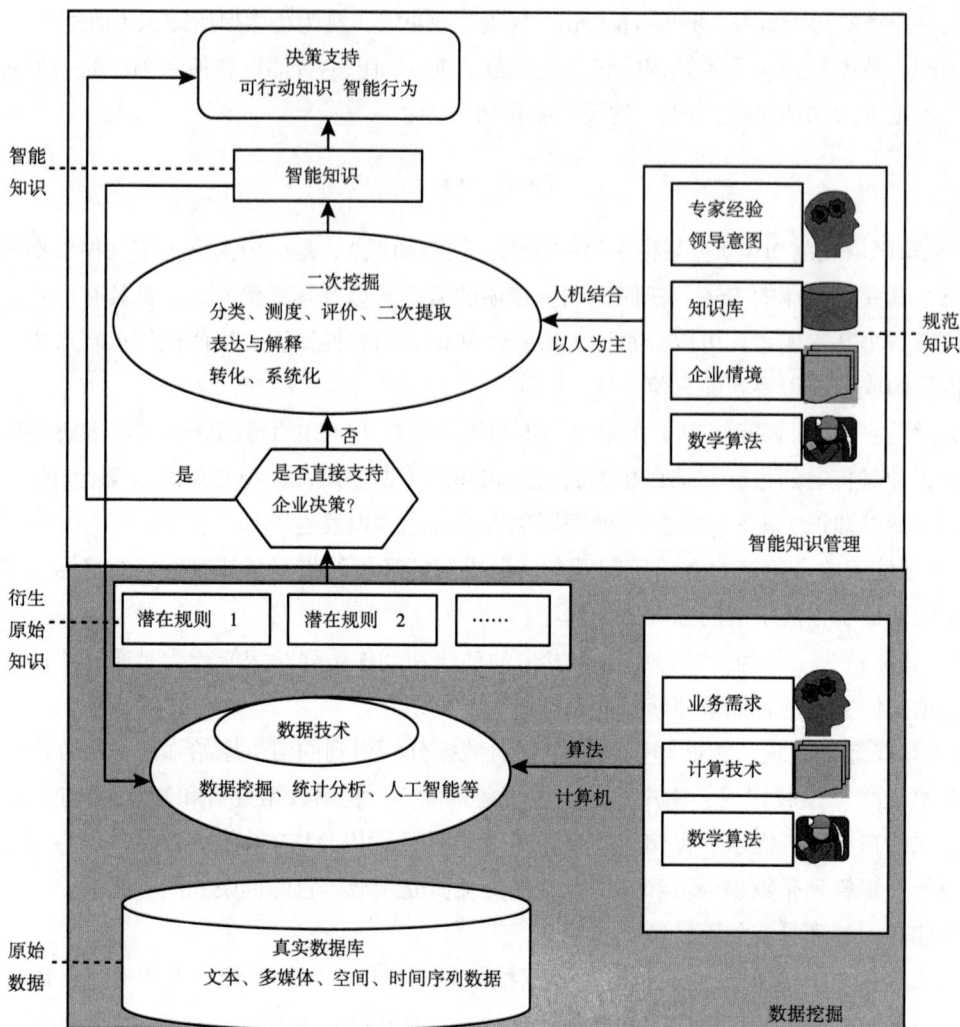

图 1　智能知识管理框架

## 二、智能知识管理研究的发展现状

### （一）我国智能知识管理研究的国内现状

作为一个新的有前景的研究方向，智能知识管理自提出以来，得到了同行学者的认可。2008 年 5 月，在香港召开的数据挖掘高端国际论坛上，大会发言的 8 位专家中就有 3 位提出了通过对粗糙知识进行"二次挖掘"以提高数据挖掘产生知识的可用性和可行动性等科学问题。

作为一个新的有前景的研究方向，智能知识管理自提出以来，得到了自国家自然科学基金委员会的大力支持。近年来智能知识管理领域的部分相关课题获得了超过千万的资助，立项课题包括石勇主持的"数据挖掘与智能知识管理：理论与应用研究"创新群体、"最优化数据挖掘的商务智能方法以及在金融与银行管理中的应用"国际重大合作项目；寇纲主持的"管理信息与数据挖掘"优秀青年科学基金；张玲玲、彭怡、李兴森等分别主持的"领域知识驱动的深层知识发现研究""知识驱动的多目标决策数据挖掘理论框架及应用实验系统研究""基于可拓学的知识智能涌现创新机理研究"等。

为了更好地了解该领域的国内研究现状，本报告对国内文献进行了分析。

以"智能知识"和"数据挖掘"为关键词搜索到 27 篇文献，以"领域知识"和"数据挖掘"为关键词在中国知网（CNKI）共搜索到 336 篇文献。将这 363 篇文献放在一起，采用社会网络分析法分析国内目前在智能知识管理领域的研究团队集聚情况。

从网络总体概况图 2 可以分析得，国内智能知识管理领域的研究目前并不广泛，但是已经出现了一些小规模的研究团队，以石勇、张玲玲、寇纲、彭怡、田英杰等为首的研究团队规模相对较大，以顾基发、朱正祥等为首的研究团队也在该领域有较多研究。

在智能知识管理和基于领域知识驱动的数据挖掘领域的研究学者主要分布在北京、大连、成都等高校和科研单位，在北京地区的科研团队中，研究该领域的学者主要集中在中国科学院下属的科研院所和研究中心，如中国科学院虚拟经济与数据科学研究中心是网络中最大的一个研究团体。其他研究团队都以 2～3 人为主，团队的规模较小。并且各团队之间相互比较孤立。

通过计算网络中心度和中心性可以发现在该网络中以石勇、顾基发、张玲玲、朱正祥的中心度和中心性较高。在另一个网络小团体中以胡学钢为的中心度较高，说明这些国内学者对该领域的研究和学科团队起到了一定的带头作用和桥梁作用。通过计算网络的中心

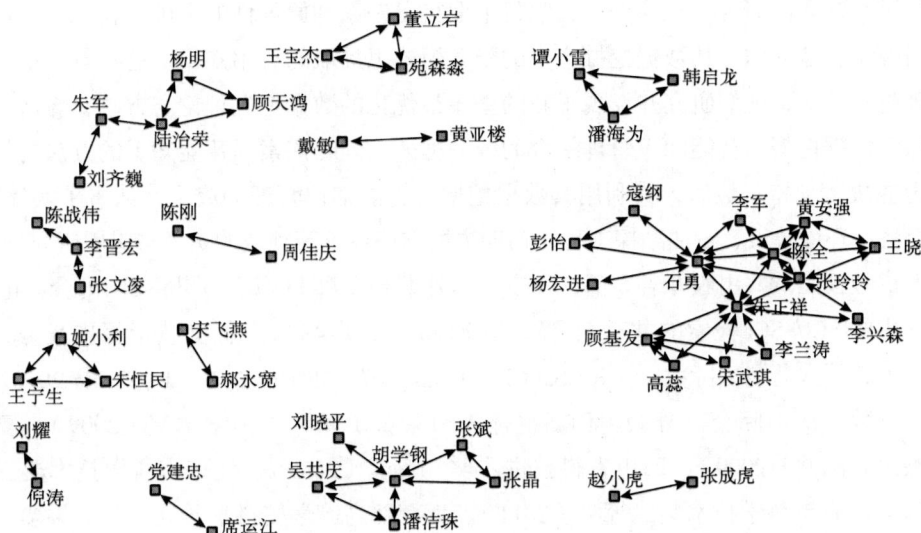

图 2　作者合作关系网络图

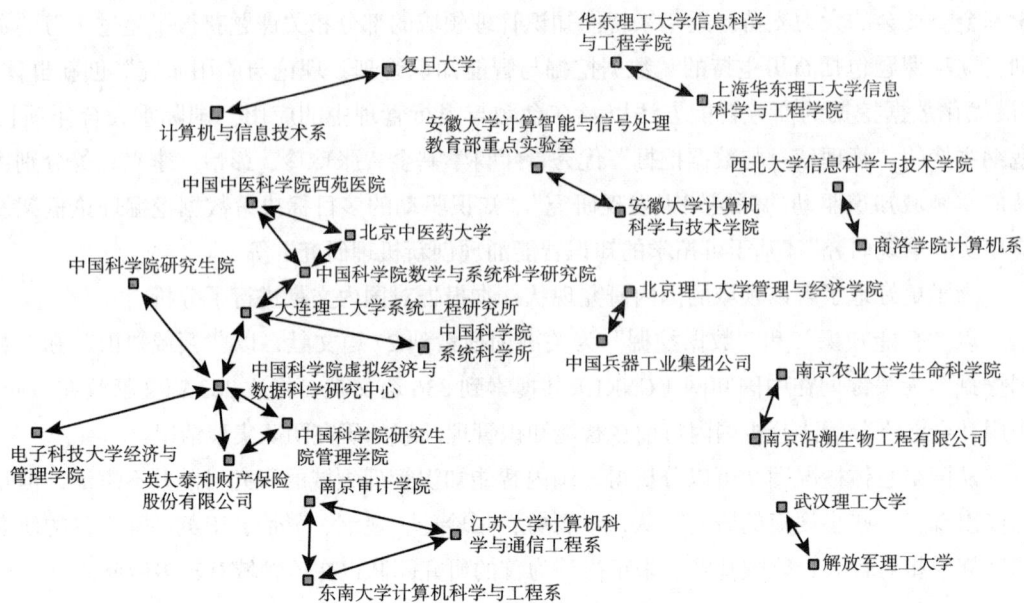

图3 合作单位关系图

度和中介中心性可以得到，以中国科学院虚拟经济与数据科学研究中心和大连理工大学系统工程研究所的中心度较高，同时二者在网络中的中介中心性也处于较高的地位，说明在智能知识管理和领域知识驱动的数据挖掘的研究领域中，这两个单位是主要研究团体，并且中科院虚拟经济与数据科学研究中心在网络中处于单位之间合作的中介，促进了学科领域的研究发展。

在国内，以石勇教授为首的创新群体是智能知识管理研究的核心。该群体一直围绕"数据挖掘与智能知识管理"的基础理论和实际应用，以具有重大学术价值的问题作为科学目标进行深入的研究，在这一交叉学科上取得了一系列原创性的突破。首先，他们系统性地研究了智能知识（从数据挖掘产生的隐含模式里提取的有用知识）这一具有挑战性的创新理论；其次，他们研究并发现了新的基于最优化的数据挖掘理论与方法；再次，从理论上探索数据挖掘与智能知识管理结合的统一框架，同时探索提智能知识的方法与技术以利于智能决策支持；最后，其利用其数据挖掘与智能知识管理的成果，从事了实体经济、虚拟经济、环境政策、石油勘探工程、辅助决策支持系统等领域的实证与应用研究。

石勇教授团队共出版专著5部，发表国内外期刊文章110篇，国际或国内会议论文74篇，其中被SCI/SSCI检索的共有55篇，被EI检索的共48篇，提交政策报告8份。该团队组织了若干次著名国际大会（ICCS2007，ICDM2007，MCDM 2009，PBFEAM 2010，ICCS 2012）及数十次国际会议分会。创新群体先后荣获了国际康拓学术奖（2009）、复旦管理学杰出贡献奖（2009）、四川省科技进步奖二等奖（2009）、北京市科学技术奖三等奖（2010）、北京市科学技术奖二等奖（2011）、教育部高等学校科学研究优秀成果奖——自然科学奖一等奖（2012）等奖项。

## （二）智能知识管理研究的主要研究方向

目前智能知识管理相关研究可以分为两个大类——领域驱动的数据挖掘和二次挖掘。领域驱动的数据挖掘指的是将知识管理的思想融入数据挖掘的建模过程，强调将专家经验、情境等软性因素加入到知识发现的过程中，以更好地支持现实中的决策，主要的研究集中在领域知识的提取和表示、领域驱动的数据挖掘方法等。而二次挖掘则是以数据挖掘获得的"隐含规则"即"衍生原始知识"作为研究起点，对其进行测度、评价、加工与转化来获得支持智能决策的智能知识，主要集中在兴趣度评价、规则提取、可转化挖掘等多个方面。

### 1. 主要研究方向文献现状

本报告以 Domain Driven Data Mining（领域驱动的数据挖掘）、Intelligent Knowledge（智能知识）、Actionable Knowledge（可行动知识）、Domain Knowledge（领域知识）等作为关键字在 Google scholar、Science Direct、Springer 等外文数据库中搜索相关论文，并以此作为基础进行分析。以关键词 intelligent knowledge 和 data mining 作为标题、关键词和摘要的条件，搜索到 55 篇相关文献。

从图 4 中可以看出，在 2008 年之前对数据挖掘和智能知识的研究较少。在 2008 年之后，对数据挖掘与智能知识管理的交叉研究出现热潮。特别是石勇教授"智能知识管理"概念的提出使得一些学者的研究成果开始将关注点转移到对数据挖掘结果后处理阶段上，但是从最近两年的进展来看，对数据挖掘结果后处理阶段以获取智能知识的研究上，目前进展较小，研究成果也并不多。

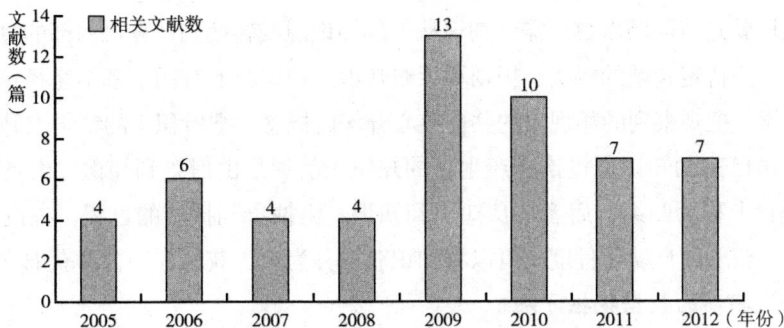

图 4　2005—2012 年智能知识管理文献数

图 5 总结了发表的学术论文涉及的文章主题。可以看出，对于数据挖掘中智能知识管理的研究主要集中于数据分析、知识发现、专家系统和智能数据等方面的研究。目前来看，该领域内的研究还主要集中于对数据挖掘过程的研究，或者说是对数据挖掘的技术和方法应用的研究，在数据挖掘的前端处理或是建模过程中融入了专家经验，以提升数据挖

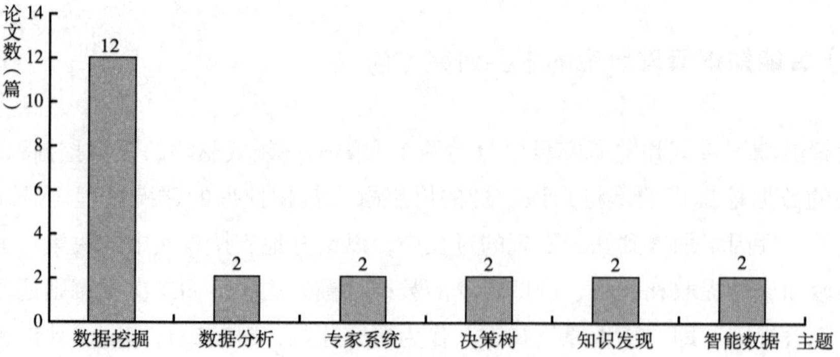

图 5　发表的学术论文涉及主题

掘一次结果为目标的研究，而对于数据挖掘结果后处理阶段的智能知识获取和管理的研究还较为初步，目前在该领域内没有太多的研究成果。

目前来看，智能知识管理领域的研究以华人居多，从英文期刊论文来看，主要的研究学者有 Longbing Cao（University of Science and Technology Sydney）、Jiawei Han（University of Illinois at Urbana-Champaign）、Phlips Yu（University of Illinois at Chicago）、Qiang Yang（Hong Kong University of Science and Technology），目前有一些学者将其相关成果主要发表在国外的重要期刊上，如石勇、寇刚、彭怡等。

**2. 领域驱动的数据挖掘**

领域驱动的数据挖掘是学者针对数据挖掘方法的缺陷而提出的。学者们从数据挖掘角度出发，把那些加入的用以指导和约束搜索感兴趣知识行为的知识称为领域知识或背景知识。该部分的研究主要集中于领域知识的提取和表示以及领域驱动的数据挖掘方法方面的研究。

（1）领域知识的提取和表示

知识获取就是将问题求解所需的知识从外部知识源或转换到计算机内部的过程。问题求解知识是指一些特定领域的事实、规则和策略知识。知识获取有两个基本途径：一个是从实践中逐步积累，把观察到的额现象的共性核心升华成概念，把所积累的精华上升成理论；另一个途径是由已有的知识通过推断产生新的知识。前者是由信息到知识、由具体到抽象的过程，从逻辑上称为归纳；后者是从知识到知识，由抽象到抽象的过程，在逻辑上称为演绎。根据知识获取的自动化程度，可以将知识获取分为人工获取、半自动获取和自动获取。

（2）领域驱动的数据挖掘方法

学者们认为鉴别出真正可行动的知识，知识评价需要同时进行两个维度四个方面的考量。也就是知识评价的指标既要考虑主观因素（领域知识），也要考虑客观因素，既要考虑技术因素，也要考虑能带来的商业价值（领域知识），只有同时满足这些条件的规则和知识才是可行动的知识。

由于领域专家拥有丰富的领域经验和知识，对知识背景有充分的理解，因此，无论是在对挖掘任务的理解、数据预处理以及挖掘后对知识的解释和评估都离不开领域内专家的参与，特别是当挖掘知识的使用者就是领域专家时，其直接参与数据挖掘过程中的作用尤其重要。

### 3. 二次挖掘

近年来，对"隐含规则"的研究正逐渐引起学术界的重视。针对数据挖掘的结果难以被用户理解、规则冗余等不足，学者尝试对获得的衍生原始知识进行二次处理，以期克服以技术为基础的数据挖掘的缺点。目前以衍生原始知识为研究对象的深层知识发现的研究主要分为兴趣度评价与排序、规则提取以及可视化、可转化挖掘等方面。其中可视化和规则提取旨在为用户提供更易理解的知识表达形式，而兴趣度排序则希望通过主观和客观测度，筛选出用户最感兴趣的规则。

#### （1）兴趣度排序

数据挖掘的过程能够产生大量的模式，其中大部分是使用者不感兴趣的[11]。而传统的知识评价仅仅考虑技术因素，很难从数量众多的规则中甄别出真正有用的、可行动的知识，不能很好地适应现实决策的需要。所以需要在知识评价过程中加入领域知识，以识别出真正有意义的、可行动的知识，以更好地支持决策。

正因为如此，近年来，从数据挖掘得到的结果中找出那些使用者真正感兴趣的模式的研究已经成为数据挖掘领域中的一个新的研究趋势。一般地，这些研究被称为"兴趣度测度"[12]。兴趣度测度分为客观测度和主观测度，客观测度主要是基于被发现模式的统计强度或属性，而主观测度则源于使用者的信念或者期望[13]。兴趣度排序主要应用于数据挖掘结果的评价阶段。数据挖掘过程常会产生大量的模式和规则，而用户所感兴趣的只有其中较少的部分，这就需要对数据挖掘的结果进行评价和排序，筛选出使用者真正感兴趣的那部分知识。对于规则的兴趣度测度，目前还没有统一的意见，Geng 和 Hamilton 总结了最受研究者关注的 9 种测度标准，其中简明性、一般性（覆盖度）、可靠性、特异性、差异性属于客观测度，而新颖性、惊奇性（非预期性）、效用和可操作性属于主观测度[14]。目前的研究多集中在客观测度上，特别是对容易产生大量规则的关联规则和分类规则的研究。主观测度结合了使用者的背景知识和目标，因此更适用于那些更有经验的使用者和交互式的数据挖掘过程。主客观测度的结合也是一个新的研究趋势，他们认为可以先用客观测度作为第一级过滤器，选出潜在感兴趣的模式，然后再用主观测度的方法对它们进行第二级筛选，得到用户真正感兴趣的知识。

#### （2）规则提取

近年来，SVM、神经网络、多目标规划等分类方法在商业领域和科学研究方面得到了广泛的应用，但是其得到的分类器都是不易被理解和解释的复杂数学模型。因此，一些研究者开始致力于从分类器中提取规则的研究。

Gallant 等率先开展了神经网络的规则提取研究[15]，他基于推理强度对可用属性进行排序，从而构造出可以解释网络如何为某个给定事例产生结论的 if-then 规则[16]。近年来针对数据挖掘做完分类便戛然而止的问题，该项规则提取的研究成果逐步推广至支持向量机、多目标线性规划模型等解释性较差、不易被理解的复杂分类模型。

Fung 等人则考虑了线性支持向量机分类的规则提取，并且使提取出的规则没有重叠[17]。He 等人在使用 SVM 进行蛋白质结构预测时，将决策树和关联规则挖掘分别结合到 SVM 中提出了两种新的算法，并使用概念聚类的方法来处理决策树产生的大量规则[18]。Pang 等人将决策树与 SVM 相结合，得到了一种能够产生规则的 SVM 分类树（SVMT）[19]。对于多目标线性规划的数据挖掘方法，张悦今等利用粗糙集理论对 MCLP 分类模型不能区分的不确定区域进行表示和规则提取，提出了基于粗糙集的 MCLP 分类模型知识提取方法和算法[20]。

（3）可转化挖掘

传统的数据挖掘分类任务只关注如何建立高效准确的模型把数据分为两类，当模型建好后便戛然而止，不做进一步的分析。而在实际的商业应用中，决策者更加关注的不是某些客户属于哪一类，而是作为决策者，他能够采取什么样的行动来使得属于不期望类别的样本通过变化转换到所期望的类别。通过可转化挖掘获得可行动的知识（actionable knowledge）已经引起了小部分学者的重视，并取得了一些研究成果。

能够使得客户从"坏人"变成"好人"的知识称为转化策略，与之相关的领域是案例推理（case-based reasoning）[21]。新问题可以通过查询存储好的案例库来解决。转化策略生成从一定程度上可以看做是一个案例推理问题。最简单的构建案例库的方法是使用所有好人整体来作为坏人的榜样，称为基于样本的学习（instance-based learning）[22]，这样的构建案例库的方法保证每个"坏人"都能找到最近的好人作为学习榜样，但被证明十分耗费时间。另一种方法是通过对好人聚类，选取每一个簇的中心点作为好人代表放入案例库中[23]。更进一步，Yang 等人通过最大化预期净收益这一目标函数，以构建完成的决策树为研究对象提出了能够使得客户从"坏人"类别转变成"好人"类别的成本高效算法[24]。

## （三）智能知识管理研究的应用

数据挖掘与知识管理的交叉研究除了在高水平期刊上发表学术论文之外，其研究成果已经被运用到一些数据挖掘项目上。以中国科学院虚拟经济与数据科学研究中心为例，在中国人民银行个人征信系统项目[25]、中国工商银行客户忠诚度分析与风险偏好分析项目[26-29]、江苏省民丰银行全面风险管理系统项目、中国金融期货交易所结算风险控制系统项目、网易 VIP 邮箱客户流失预警项目[30]、澳大利亚 BHPB 公司石油勘探项目[31,32]等多个项目中进行了应用，用于个人信用评分、客户关系管理、结算风险预警、石油勘探预测等方面均取得了良好的效果。同时，在大连理工大学、中国科学院数学与系统科学研究院合作完成的中国中医科学院西苑医院名老中医思想挖掘项目中也得到了很好的应用效果[33,34]。

数据挖掘与智能知识管理最为成功的应用，是由中国科学院虚拟经济与数据科学研究中心与中国人民银行征信中心共同合作开发的，中国人民银行全国个人信用评分系统"中国评分（China Score）"。该系统利用中国全国各大金融机构消费者的住房贷款、汽车贷款、信用卡等的历史信息，通过对大量数据进行系统的分析与挖掘，建立预测性的模型以预测每个自然人在未来某个时期内发生"信贷违约"的概率，并以一个分数来表示。

我国的中国人民银行征信中心收集到国内各大金融机构和社会有关方面的全面个人信用信息，是更为全面科学的信用评分。该信用评分模型系统由我国信贷结构的7组评分模型组成，目前在各大商业银行运行良好。该评分系统利用全国各大金融机构的所有个人信贷账户的住房贷款、汽车贷款、信用卡等的历史信息（人数超过6千万，数据积累超过3年），运用先进的数据挖掘和统计分析技术，通过对消费者的人口特征、信用历史记录、行为记录、交易记录等大量数据进行系统的分析，挖掘出蕴含在数据中的行为模式。

该系统服务全国13亿人口的经济信贷活动，已成为中国金融信息化的重大基础工程。截至2010年5月31日，个人征信系统查询次数达6.5亿次，日查询最高量达154.6万次。2008年被选取的工商银行、农业银行、中国银行、建设银行、交通银行、兴业银行、招商银行共7家试点行：利用个人征信系统拒绝高风险客户贷款申请14.4万笔，授信额度297亿元；信用卡申请171万笔，授信额度36.7亿元；5家行（不含工商银行和招商银行）在贷后管理中预警高风险业务7.6万笔，涉及金额56.3亿元；清收不良贷款和信用卡业务6.6万笔，涉及金额43.7亿元；7家行识别第二套以上住房贷款申请业务34.5万笔，涉及金额919.6亿元。前中国人民银行副行长、国际货币基金组织副总裁朱民评价说："中国开发的全国个人信用评分系统远远超过国际水平"。中科院前院长路甬祥院士勉励说："你们研制成功的征信模型和方法，对交易安全和市场诚信意义深远；应尽快付诸实用……此征信体系同样可以用于证券，B2B网上交易，其他股权和信用证交易，期货交易等"美国工程院院士Daniel Berg教授评价该项目："他们用最优化及多目标数学规划方法为中国人民银行建立了'全国个人征信系统'，这一项目是对中国人民日常经济活动作出重大贡献的最好证明。"

随着金融衍生品交易在中国金融市场的不断发展和深入，交易规模不断增加，交易活跃程度也日益增强。对于金融衍生工具的交易所而言，亟需根据市场发展水平，不断完善自身风险管理体系，丰富预防风险的手段。目前沪深300股指期货是我国唯一上市的金融期货品种。中国金融期货交易所实行结算会员制度，形成多层次的风险控制体系，强化了金融市场整体的抗风险能力。目前结算部门主要通过保证金和结算担保金管理、盘中试结算以及盘后正式结算和预结算等一系列措施和手段来实现结算风险的管理。

2011年6月起，中国科学院虚拟经济与数据科学研究中心石勇教授团队，针对沪深300股指期货结算会员进行了结算风险预测模型的研究与开发。结算会员风险预警模型应用数据挖掘理论、方法与技术对交易所完整的、干净的业务数据进行处理分析，针对每一家结算会员分别建立隔日风险预测模型和盘中风险预测模型，对结算会员的潜在资金风险进行预测。这再次拓宽了数据挖掘与智能知识管理在金融衍生品交易风险控制与监管的应用。

除了金融领域的应用，智能知识管理的另一重要应用是在名老中医的经验提取上。在国家"十五"科技支撑攻关计划的支持下，国家卫生部从全国的名老中医（以下称为专家）中选择百位、70 岁以上的老专家，采集每人近 200 例经典案例，并将数据格式化，作为原始信息入库。2008 年始，在国家"十一五"科技支撑攻关计划的支持下，继续展开深入研究，在理论和方法研究的基础上，建设和开发名老中医学术思想挖掘平台。

在此背景下，顾基发研究员课题组设计、开发了一套基于领域驱动知识发现（Domain Driven Knowledge Discovery）的智能知识管理平台，主要思想是利用理论研究成果，从名老中医电子病例以及名老中医专家两种知识载体为对象进行挖掘，并将两种载体所挖掘出来的知识进行综合，从而准确、全面挖掘名老中医的个体、群体学术思想，并将该平台称为 DDKD 1.0 版。将挖掘出的结果请名老中医进行评价，通过对多位名老中医挖掘出来知识的评价可以看出，他们对于该系统平台所挖掘出来的知识给了了高度的肯定，认为通过系统挖掘所获得的知识"确实反映了我的治疗经验"，这也从用户的视角证明了领域驱动的智能知识发现方法的理论和方法的可行性及优势。

## 三、国内外智能知识管理学科发展比较

### （一）国外智能知识管理发展趋势

#### （1）相关关键问题取得了丰硕成果

国外并没有明确的"智能知识管理"提法，与之相关的是"领域驱动的数据挖掘"、"后挖掘"。这些提法已经与传统的数据挖掘有明显的 区别，强调将专家经验、情境等软性因素融入建模的过程中以达到提高分类效果的目的，但仍与国内所提的"智能知识管理"有较大的差异。从广义的角度来看，"智能知识管理"涵盖了国外"领域驱动数据挖掘"的范围。表 1 总结了"智能知识管理"与国外相关研究的主要不同点。从文献的调研情况来看，数据挖掘的研究是华人活跃的领域，因此在数据挖掘与知识管理交叉的智能知识管理领域也仍是由华人主导，外籍研究者的论文数量远不及华人学者。目前该领域的学者在国外重要期刊上发表相关的学术论文几十余篇，SCI 他引次数达数百次，并在金融、能源、信息安全、中医等应用领域取得了重大进展和广泛认可。

表 1　智能知识管理与国外相关研究的不同

|  | "智能知识管理" | 国外"领域驱动的数据挖掘"相关研究 |
| --- | --- | --- |
| 加入的领域知识类型 | 显性知识和隐形知识 [①] | 显性知识 |
| 领域知识加入阶段 | 数据预处理、数据挖掘过程、数据挖掘二次处理 | 主要集中在数据预处理、数据挖掘过程 |
| 知识评价原则 | 客观度量与主观度量相结合 | 主要强调客观度量 |
| 方法改进目的 | 主要强调能够更好地支持决策、为人理解后能改进管理策略 | 主要强调提高准确率等技术指标、更能为人所理解 |

① 隐性知识和显性知识相对，是指那种我们知道但难以言述的知识。

Cao 和 Zhang 指出传统的数据挖掘是数据驱动的数据挖掘，产生的结果很多不符实际，不能用于现实的商业决策，因此提出了 DDID-PD（Domain-Driven In-depth Pattern Discovery）数据挖掘方法[35]。该方法主张要考虑现实约束，考虑问题所在的领域，在数据挖掘过程中要进行人机交互，充分利用已有的知识（领域知识），根据结果反馈进行多次挖掘。把 DDID-PD 用于澳大利亚股票市场上交易关联性分析，得到了一些真正可以用来支持决策的知识。朱正祥和顾基发认为知识必须同时满足有趣和可行动才是真正有用的[36]。一条规则或知识可行动一定有趣，然而有趣却不一定可行动。传统的数据挖掘算法仅仅能够得到有趣的知识，在实际可用性上还有很大的不足。为此他们提出了 DDDM（Domain-Driven Data Mining）模型，此模型将整个数据挖掘过程分为 6 个步骤，从挖掘的结果中寻找有趣的可行动的知识，接受现实世界的反馈，强调要在每个步骤中都要加入领域知识充分利用领域知识的指导作用。

在数据预处理的问题上，Kovalerchuk 等认为在数据的选择和预处理过程，应该根据专家应用目的只选取对挖掘感兴趣知识有贡献的数据或数据的部分属性作为挖掘对象，如此既可以提高挖掘的速度和效率，同时也可以有效地减少知识冗余，从而提高挖掘的准确性[37]。张文凌将领域知识应用于数据预处理当中，给出了所开发的应用领域知识的数据挖掘系统的框架结构、方法及处理流程，实现了基于领域知识的数据预处理系统[38]。

在数据挖掘过程中，Mihael 将挖掘系统分为算法系统和用户（专家）系统两个子系统，算法系统执行计算功能，获取规则，而用户系统与算法系统相互协作，共同完成挖掘任务[39]。概括上讲，就是由算法系统执行定量工作，用户系统执行定性工作，其实质就是将数据挖掘看作是定量与定性相结合的知识发现过程。莫富强提出结构学习改进算法 KB-SEM，将专家知识以禁忌表的形式融入 SEM 算法中，以约束算法的搜索空间，能够显著提高 SEM 算法的执行效率，并在一定程度上改善算法的时间性能[40]。

（2）领域内主流期刊和会议予以关注

国外主流学术会议较多关注智能知识相关议题。与智能知识管理相关的英文论文主要集中在计算机科学、信息科学、管理科学、管理信息系统的杂志，前沿的研究成果经常在著名的数据挖掘、计算机科学、信息科学等的会议上进行展示和汇报，保持旺盛的生命力。这些著名的顶级会议主要包括三大协会的数据挖掘最顶尖级国际会议 ACM SIGKDD（ACM SIGKDD Conference on Knowledge Discovery and Data Mining）、IEEE ICDM（IEEE International Conference on Data Mining）、SIAMDM（SIAM International Conference on Data Mining），此外，ICCS（International Conference on Computer Science）、ESML/PKDD（European Conference on Machine Learning and Principles and Practice of Knowledge Discovery in Databases）、PAKDD（Pacific-Asia Conference on Knowledge Discovery and Data Mining）等著名国际会议上也有不少相关成果发表。表 2 是经常发表相关论文的杂志列表。

表 2　关注智能知识管理论文杂志 [①]

| 杂 志 名 称 | 学 科 分 类 |
|---|---|
| *Decision Support Systems* | 管理科学、决策科学 |
| *Engineering Applications of Artificial Intelligence* | 人工智能 |
| *International Journal of Information Technology and Decision Making* | 信息科学、管理科学 |
| *Annals of Operation Research* | 运筹学、管理科学 |
| *European Journal of Operational Research* | 运筹学、管理科学 |
| *Expert Systems with Applications* | 管理信息系统 |
| *IEEE Intelligent Systems* | 计算机科学、管理信息系统 |
| *IEEE Transactions on Knowledge and Data Engineering* | 计算机科学、管理信息系统 |
| *Information Sciences* | 信息科学 |
| Human System Management | 情报学、管理信息系统 |
| *Applied Soft Computing* | 计算机科学、信息科学 |
| *Knowledge-Based Systems* | 管理信息系统、知识科学 |
| *Management Science* | 管理科学、运筹学 |
| Procedia Computer Science | 计算机科学、信息科学 |
| Advances in Engineering Software | 计算机科学 |
| Artificial Intelligence in Engineering | 计算机科学、人工智能 |
| Computer Communications | 计算机科学 |
| Computer-Aided Design | 计算机科学 |
| Computers & Industrial Engineering | 计算机科学、管理科学 |
| Data Mining and Predictive Analysis | 信息科学、管理科学 |
| Data Processing | 信息科学 |

## （二）国内智能知识管理发展趋势

在借鉴国外学术成果的基础上，国内科研人员也做出了非常多的成果。朱正祥将显性知识贯穿于数据挖掘全过程，特别是整合到挖掘算法中，需要将领域知识以计算机可以理解的方式进行表示和编码[41]。刘益等在 Perez 总结的建立本体所需的 5 个基本元语（概念、关系、函数、公理和实例）的基础上，提出了基于知识本体的知识结构。知识结构将知识本体中除实例之外的概念、关系等抽象要素用知识元、知识关联和知识推理证明表示，更有利于描述知识本体的内涵[42]。杨选辉为了解决自然灾害应急物流领域的知识共享和信息集成问题，采用领域本体来进行知识表示[43]。李卫认为现有的一些大规模知识库都是关于通用领域知识的，不能满足专业领域的自然语言处理系统对问题求解的知识需求。因此，需要获取专业领域知识，构建特定领域的知识库，为自然语言处理系统理解特

----

① 若为 SCI/SSCI 收录杂志，则杂志名称加粗。

定领域的问题并顺利完成任务提供知识保障[44]。向东提出了以专家为隐性知识的载体，通过专家模型来表达隐性知识的研究思路，随后结合二元语义评价方法探讨了创建专家模型的流程[45]。朱恒明认为领域知识在数据挖掘的整个过程中都起到非常重要的作用，基于此，他提出了一种易于实现的基于算法适用知识的挖掘算法选择系统[46]。

从上述的研究综述可以看出，目前智能知识管理研究已经引起学术界的重视，并逐渐成为研究的热点领域，但是目前的研究往往围绕解决某一个具体问题或者侧重于知识发现的特定阶段，相关研究比较零散，还没有一个全面、系统的研究体系。从国内外的对比来看，智能知识管理研究都属于研究的初期阶段，有很大的研究空间和前景。

## 四、智能知识管理的未来研究发展方向及对策建议

目前对智能知识管理的研究还处于初期阶段，还有许多问题有待进一步研究，并需要得到相关政策的支持。

### （一）数据技术与智能知识管理的系统理论框架

从数据 – 信息 – 知识这一知识管理的基本内涵入手，提出一整套的数据技术在知识管理中的概念、原理和理论。根据系统科学的原理，有以下问题需要在将来进一步提出和研究：

1）将数据挖掘产生的结果作为一类特殊的知识，探讨智能知识与传统知识结构之间的逻辑关系，建立数据技术与智能知识内在联系的数学模式，并用此模式解释由数量分析结果产生的智能知识特征。

2）从来源于数据的知识创造的角度，研究其知识创造过程，建立来源于数据的知识创造理论。建立一个数的据挖掘与智能知识管理的系统框架。

3）将智能知识作为一类"特殊"的知识，研究其在特定应用环境下提取、转化、应用、创新的过程管理理论。其中不仅涉及数据挖掘知识本身，而且要考虑决策者和使用者的隐性知识及其他非技术因素，如领域知识、用户偏好、情景等，其中将用到人工智能、心理学、复杂系统、综合集成等理论知识以及一些实证研究方法。

### （二）智能知识复杂性研究

数据挖掘获得的"衍生原始知识"在一定程度上仍然属于结构化的知识，随着人类知识的不断加入，智能知识呈现出半结构化和非结构化的特征。非结构化的知识表现在形式变异大、表达形式复杂和随机性强。

未来智能知识复杂性研究应立足于宏观角度，通过数学、经济学、社会学、计算机科

学、管理科学等学科的交叉角度，从本质上研究智能知识半结构化和非结构化特征的个体表现、一般性特征及科学规律。将从代表性的半结构化知识或非结构化知识中，逐一考虑其可分析性知识模型，探讨个体复杂性、不确定性特征描述的数学结构，建立统一的智能知识复杂性基础理论模型。其根本价值在于在智能知识的基本结构上把握结构化、半结构化或非结构化转化的核心规律。通过数学方式来描述抽象化的智能知识的，通过计算机科学的逻辑关系来模拟智能知识的规律；通过经济学、社会学的基本观点来解释产生智能知识的社会行为；通过管理科学，特别是最优化数据挖掘理论来刻画智能知识发现的一般性方法和规律。主要研究内容应包括：①智能知识基本元素空间的公理化和结构；②智能知识测度抽象表达、关联度量、分类标准、收敛条件；③智能知识社会元素的拓扑结构及形式化理论；④智能知识基本原理、定理及运算规则。

### （三）大数据环境下的智能知识管理与决策结构变异

随着计算机技术的普遍应用，当今各种社会活动产生了海量的数据。近几年，随着Web2.0的诞生，论坛、博客、微博、社交网络等社会化媒体（Social Media）得到了迅猛发展，更导致了形形色色数据的急增，人类已经进入了大数据时代。据不完全统计，目前全球企业的信息存储量大约为 1.8 ~ 2.2ZB（1ZB=$10^{21}$B）。美国把大数据称为"未来的新石油"。人是创造大数据的主体。我国作为世界人口最多的国家，至今已有 5.64 亿网民、4.2 亿手机用户，创造大数据的速度正在接近甚至超过发达国家，大数据正在迅速膨胀。

从理论意义上来说，大数据下的智能知识管理与决策结构变异研究与传统研究有以下3点不同。①知识机理的重构：与传统知识不同，基于大数据的知识发现过程是数据 – 信息 – 知识 – 决策。②决策模式的改变：传统是基于因果关系的决策，大数据下的决策是基于相关分析的决策。③决策与管理模式的改变：传统是依赖于业务知识的学习和实践经验的积累，大数据是基于数据分析的反映，即从事结构化决策的决策者不需要掌握很多业务知识，一样可以做结构化的决策。

众所周知，管理决策结构根据决策者的主观知识对决策的影响程度分为结构化、半结构化和非结构化决策，如图 6 所示。在大数据环境下，从结构化决策到半结构化决策再到非结构化决策的过程，是以大数据挖掘产生的结构化知识为起点，不断经由人的主观知识的加入和加工处理，从半结构化知识到非结构化知识的过程。所得到的半结构化知识和非结构化知识能够有效科学地支持高层决策，是"智能知识"。

大数据所带来的这种决策结构的变异使得需要我们探讨如何以从大数据挖掘出的结构化知识为研究对象，进一步研究如何对这类知识进行智能知识管理，以支持更高层次的半结构化决策和非结构化决策。

因此，需要完善已有的智能知识管理框架，建立大数据环境下智能知识的理论框架，探讨智能知识获取的机理和理论，研究相应的新技术和新算法，深入探索大数据知识发现与决策结构变异对管理决策的影响。

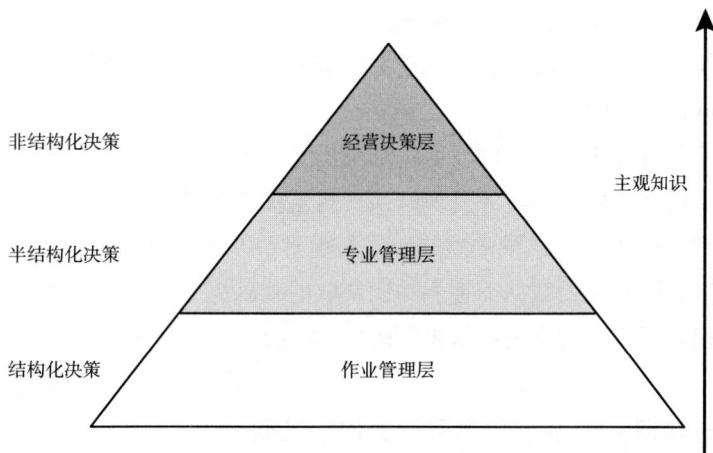

图 6　决策层次结构

## （四）大数据环境下智能知识获取方法与技术

因为大数据的非结构化和半结构化性质，新的大数据挖掘技术所产生的结构化知识——"粗糙知识"也将具有新的特征。从大数据中挖掘出的结构化知识通过主观知识的参与、加工、处理和转化，可能产生"半结构化、非结构化智能知识"。这些知识将被高层次的管理决策者所青睐，它们是大数据研究的核心价值所在。需要分析由大数据挖掘后而产生的粗糙知识的特性，对其进行分类，研究其主、客观综合测度理论与方法，探讨如何对不同类型的粗糙知识（如规则、分类、聚类结果等）选取合适的指标进行有效性评估，构建评价体系。还需要研究如何将包括情境、专家经验、领域知识、用户偏好等主观知识在大数据挖掘中量化和表达；探讨如何采用管理科学的数学规划、数据包络分析、期望理论、效用理论等方法将主观知识加入挖掘过程而获取半结构化决策、非结构化决策所需要的智能知识，包括人 – 机交互、定性定量结合的智能知识获取技术。

在智能知识获取的方法中，可转化挖掘是个重要的研究方向。传统的数据挖掘所提取的知识具有静态性。以某网站公司的客户数据挖掘为例，虽然进行了数据挖掘，但得到了245 条规则。一方面，产生了规则的数量过载很难识别出有用的知识；另一方面，更为重要的是，数据挖掘的真正目的并不只是对用户进行识别，而是希望将流失用户、冻结用户通过一定的方式转化为现有用户，同时防止现有用户的流失。而这些可直接供决策用的知识，无法从模式中直接获取。因此进行深层次的挖掘，结合领域知识挖掘模式之间的变换规律，变静态知识挖掘为动态知识挖掘是深层次挖掘中重要的内容之一。

## （五）大数据环境下智能知识支持管理决策的方法

从管理科学的角度来看，数据挖掘是一个应用数据进行知识发现的过程。数据挖掘过

79

程由选取（selecting）、转换（transforming）、挖掘（mining）和表达（interpreting）4 个环节组成。表达作为最后一个环节，是把挖掘出来的知识进行管理决策上的分析，分析的结果将作为企业进行决策的科学依据。

大数据带来了管理决策模式的改变，它不再完全依赖于业务知识的学习和实践经验的积累，而是更多地基于数据分析的反映结果。高层决策者不需要掌握很多的业务知识，也同样可以通过对大数据挖掘结果的感知，进行更进一步的判断和处理，做出科学、迅速、准确的决策。需要研究在大数据下智能知识获取的基础之上如何用可视化技术等，探讨智能知识支持管理高层半结构化决策与非结构化决策的方式与方法。

### （六）智能知识管理系统和典型行业的实证研究

智能知识管理理论、方法、技术以及系统，将在典型的数据密集型行业得到完整、实质而广泛的应用，并取得积极成效。这部分的研究需要深入分析智能知识管理系统与管理信息系统（MIS）、知识管理系统（KMS）的共性与特性。在此基础上，将数据挖掘和智能知识管理结合应用于支持企业管理决策，在具备海量数据基础的金融、医疗、电信、审计、能源等行业，通过数据挖掘和智能知识管理的分析，建立适合于特定行业、企业的智能知识管理系统，提高其知识管理能力和综合竞争力。

智能知识管理的过程是各环节紧密相连、逐步推进、逐渐接近目标，不断螺旋上升的过程，在系统设计中，要对整个智能知识发现的过程进行管理，才能使智能知识管理系统具备实践价值和效果。

与传统的数据挖掘平台关注于数据与技术、强调挖掘过程的自动化不同，智能知识管理系统强调专家在挖掘中的作用，并将领域知识（专家的经验、兴趣和偏好等）动态地整合到数据挖掘全过程中，开发界面友好的用户接口，以便专家与系统之间进行充分的交互。同时智能知识管理系统强调知识资产的沉淀，使得每一次挖掘过程都有先前获得的知识积累，不再从零开始。

智能知识系统是一个人机交互与协作、往复循环、不断深挖掘的过程，其强调领域知识、专家经验在挖掘过程的重要作用，目的是挖掘感兴趣、可行动的知识。该系统将重点以应用为导向，研究领域驱动的，能整合决策者与专家智能的数据挖掘软件平台的特点、系统构架和主要的关键技术，从领域知识表示、本体、个体技术、知识可视化等入手分析它们在系统中的作用。

以上多个问题的解决，将极大地丰富智能知识管理领域的内容并将该学科研究推向更高的发展阶段。

### （七）对发展智能知识管理学科政策建议

总体上可以看出，作为一个新兴学科和研究方向，国内智能知识管理领域的研究已经出现了一些小规模的研究团队，如以石勇、田英杰、张玲玲、寇纲、彭怡等为首的研究团队和以顾基发、唐锡晋、朱正祥等为首的研究团队等，但并不广泛。而且智能知识管理和基于领域知识驱动的数据挖掘领域的研究学者主要分布在北京、大连、成都等高校和科研单位，团队的规模较小，而且之间的联系较少，该领域的发展目前处于初步阶段，好的研究成果也比较少。急需加强该领域内的学术研究，以及研究团队之间的相互合作，促进该学科内的发展。

因此，我们提出以下几点建议：

第一，建议国家自然基金委、科技部立更多的相关项目，为研究人员提供有力支持。从目前的调研情况来看，虽然国家自然科学基金委对该研究方向有了大力支持，但科技部"863计划"、"973计划"的项目暂时还没有涉及智能知识管理领域。

第二，建议教育部、科技部、中国科学院等机构更加关注此领域，增加人力物力的投入，加强重点实验室的建立与建设，为形成团队提供有力的保障。并且加强团体之间的交流，从而扩大整个领域团队的影响力。

第三，建议进一步加强国际的交流和合作。目前已经出现了一些智能知识管理相关的会议，与数据挖掘、大数据相关的会议相当多，这些会议也有设置关于智能知识管理的分会或主题，但是迫切需要提高这些会议或分会的国际影响和全球声望，进一步扩大在非华人学者圈内的影响力。

第四，建议加强相关学科方向的人才培养，为该学科的成长提供肥沃的土壤。通过科研骨干的"传、帮、带"和"引进来、走出去"等方法措施，加强学术带头人的培养，努力挖掘有潜力的青年科学工作者，促进形成合理有效的"老中青"学术队伍结构，促进学术队伍的凝聚和成长。

第五，大数据时代为智能知识管理带来了新的挑战。希望政府能够将数据战略提升到国家战略的层面，有效地组织相关资源，建立数据中心、信息中心、大数据平台等，在机制上为智能知识管理的研究创造条件。

# 参 考 文 献

［1］王众托. 知识系统工程：知识管理的新学科［J］. 大连理工大学学报，2000，40（A01）：115-122.

［2］Quinn, J.B. Intelligent Enterprise: A Knowledge and Service Based Paradigm for Industry［M］. Simon and Schuster, 1992.

［3］Drucker, P. Concept of the Corporation［M］. Transaction Publishers, 2009.

［4］Burton-Jones, A. Knowledge capitalism: Business, work, and learning in the new economy［M］. OUP Catalogue, 2001.

［5］Fayyad, U., G. Piatetsky-Shapiro, P. Smyth. From data mining to knowledge discovery in databases［J］. AI magazine, 1996, 17（3）: 37.

［6］Han J, M. Kamber. Data mining: Concepts and techniques［J］. China Machine Press, 2001, 8: 3-6.

［7］Han J, M. Kamber, Pei J, Data mining: concepts and techniques［M］. Morgan kaufmann, 2006.

［8］ Olson, D.L., Shi Y, Introduction to business data mining［M］. McGraw-Hill/Irwin New York, 2007.

［9］ Zhang L, et al.. Foundations of intelligent knowledge managemen［J］. Human Systems Management, 2009, 28（4）: 145-161.

［10］ 钟义信. 论"信息-知识-智能转换规律"［J］. 北京邮电大学学报, 2007, 1: 1-8.

［11］ Piateski, G., W. Frawley. Knowledge discovery in databases［M］. MIT press, 1991.

［12］ Guillet, F., Hamilton H.J.. Quality measures in data mining. Vol. 43［M］. Springer, 2007.

［13］ McGarry, K. A survey of interestingness measures for knowledge discovery［J］. The knowledge engineering review, 2005, 20（01）: 39-61.

［14］ Geng L, Hamilton H.J.. Choosing the right lens: Finding what is interesting in data mining, in Quality Measures in Data Mining［M］. Springer, 2007.

［15］ Gallant, P., Morin E., Peppard L., Feature-based classification of myoelectric signals using artificial neural networks［J］. Medical and Biological Engineering and Computing, 1998, 36（4）: 485-489.

［16］ 陈果. 神经网络规则提取及其在转子故障诊断中的应用研究［J］. 振动与冲击, 2009, 28（3）: 59-63.

［17］ Fung, G., Sandilya S., Rao R.B.. Rule extraction from linear support vector machines. in Proceedings of the eleventh ACM SIGKDD international conference on Knowledge discovery in data mining. ACM 2005.

［18］ He, J, et al.. Rule extraction from SVM for protein structure prediction, in Rule Extraction from Support Vector Machines［M］. Springer, 2008.

［19］ Pang S, Kasabov N.. Encoding and decoding the knowledge of association rules over SVM classification trees［J］. Knowledge and information systems, 2009, 19（1）: 79-105.

［20］ 张悦今, 张玲玲, 石勇. 基于粗糙集的多目标线性规划分类规则提取研究［J］. 情报学报, 2011, 30（6）: 591-597.

［21］ Althoff, K.-D. Case-based reasoning［J］. Handbook on Software Engineering and Knowledge Engineering, 2001, 1: 549-587.

［22］ Aha, D.W, Kibler D., Albert M.K., Instance-based learning algorithms［J］. Machine learning, 1991, 6（1）: 37-66.

［23］ Yang Q, Cheng H. Mining case bases for action recommendation. in Data Mining, 2002. ICDM 2003. Proceedings. 2002 IEEE International Conference on. 2002. IEEE.

［24］ Yang Q, et al., Extracting actionable knowledge from decision trees. Knowledge and Data Engineering, IEEE Transactions on, 2007, 19（1）: 43-56.

［25］ He J, et al. Domain-driven classification based on multiple criteria and multiple constraint-level programming for intelligent credit scoring. Knowledge and Data Engineering, IEEE Transactions on, 2010, 22（6）: 826-838.

［26］ Shi Y, et al. Classifying credit card accounts for business intelligence and decision making: A multiple-criteria quadratic programming approach. International Journal of Information Technology & Decision Making, 2005, 4（04）: 581-599.

［27］ Shi Y, et al. Data mining via multiple criteria linear programming: applications in credit card portfolio management ［J］. International Journal of Information Technology & Decision Making, 2002, 1（01）: 131-151.

［28］ Nie G, et al. Credit card churn forecasting by logistic regression and decision tree［J］. Expert Systems with Applications, 2011, 38（12）: 15273-15285.

［29］ Nie G, et al. Finding the hidden pattern of credit card holder's churn: A case of China, in Computational Science-ICCS 2009［M］.Springer, 2009.

［30］ Nie G, et al. The Analysis on the Customers Churn of Charge Email Based on Data Mining Take One Internet Company for Example. in Data Mining Workshops, 2006. ICDM Workshops 2006. Sixth IEEE International Conference on. 2006. IEEE.

［31］ Yang L, Ouyang Z, Shi Y. A Modified Clustering Method Based on Self-Organizing Maps and Its Applications［J］. Procedia Computer Science, 2012, 9: 1371-1379.

［32］ Ouyang Z, Shi Y. A Fuzzy Clustering Algorithm for Petroleum Data. in Proceedings of the 2011 IEEE/WIC/ACM

International Conferences on Web Intelligence and Intelligent Agent Technology–Volume 03［M］. IEEE Computer Society，2011.

［33］宋武琪，朱正祥，顾基发. 专家挖掘思想及其在名老中医经验挖掘中的应用［G］. 和谐发展与系统工程——中国系统工程学会第十五届年会论文集，2008.

［34］朱正祥，顾基发，高蕊. 基于旋进原则的领域驱动数据挖掘方法研究［J］. 情报学报，2010（006）：1016–1022.

［35］Cao L，Zhang C，The evolution of KDD：Towards domain–driven data mining［J］. International Journal of Pattern Recognition and Artificial Intelligence，2007，21（04）：677–692.

［36］朱正祥，顾基发，宋武琪. 从数据挖掘到专家挖掘［J］. 系统工程，2009. 27（1）：1–7.

［37］Kovalerchuk B.，Vityaev E.，Ruiz J.F.. Consistent and complete data and "expert" mining in medicine［J］. Studies in Fuzziness and Soft Computing，2001. 60：238–281.

［38］张文凌. 领域知识参与数据挖掘预处理阶段的研究［D］. 北京：北方工业大学，2008.

［39］Ankerst M. Human Involvement and Interactivity of the Next Generation's Data Mining Tools［J］. in ACM SIGMOD Workshop on Research Issues in Data Mining and Knowledge Discovery. 2001.

［40］莫富强. 基于领域知识的贝叶斯网络学习研究［D］. 合肥：合肥工业大学，2008.

［41］朱正祥. 领域驱动知识发现方法研究［D］. 大连：大连理工大学，2010.

［42］刘益，唐远翔. 领域知识结构的形式化表示方法［J］. 西南师范大学学报：自然科学版，2010，35（003）：110–113.

［43］杨选辉，邓硕，刘春年. 基于本体的自然灾害应急物流领域知识表示［J］. 图书馆学研究，2012，22：013.

［44］李卫. 领域知识的获取［D］. 北京：北京邮电大学，2008.

［45］向东. 产品设计中多领域知识表达、获取及应用研究［D］. 武汉：华中科技大学，2012.

［46］朱恒民. 领域知识制导的数据挖掘技术及其在中药提取中的应用［D］. 南京：南京航空航天大学，2006.

撰稿人：石　勇　张玲玲　陈懿冰

# 服务科学发展研究

## 一、引言

### （一）社会背景

随着生产型经济的高度成熟和信息技术的飞速发展，人类社会的经济形态已逐步从工业化、信息化进入"服务化"，形成了"服务经济"或"后工业化社会"，服务业成为现代经济中最具发展潜力的领域。到 2008 年，美国、英国等发达国家服务业占 GDP 的比重已超过 70%，中等收入国家和低收入国家比重分别为 55% 和 44%；而服务业就业人口占总就业人口的比重，发达国家为 60% ~ 70%，中等收入国家为 45% ~ 60%，低收入国家也达到了 30% ~ 40%。人类已经进入服务经济时代。

目前，国际上已经深刻认识到服务的重要性，一些国家已将促进服务管理研究和服务产业发展上升到国家战略层面。2003 年，美国竞争力委员会制定了国家创新战略"国家创新计划"，建议政府重点投资包括服务科学在内的工作 5 个方向以保持美国的竞争力。2008 年金融危机之后，美国对自身经济发展进行战略调整，筹划培育新的经济增长点、占领服务领域的高科技制高点，成为全球的引领者。2008 年年底，美国总统奥巴马在和工商领袖举行的圆桌会议上表态支持 IBM 提出的智慧地球的概念，并对美国建设智慧型基础设施的建议给予了积极回应。智慧地球的核心是基于网络环境下的感知、互联互通和智能化服务，其六大应用领域都是服务领域。欧盟第七框架计划（Seventh Framework Program，FP7；2006—2010 总资金 727 亿欧元）重点支持基于信息通信技术的网络化服务、泛欧洲的交通网络等研究领域，拨给服务领域研发经费的增长速度已超过制造领域经费增长速度的 5 倍。

近年来，由于信息通信技术的迅猛发展与广泛应用，服务业内部结构升级趋势明显，并带动现代服务业又一次爆发式增长。现代服务业是指在工业化比较发达的阶段产生的、主要依托信息技术和现代管理理念发展起来的、信息和知识相对密集的服务业，包括由传统服务业通过技术改造升级和经营模式更新而形成的服务业以及随着信息网络技术的高速发展而产生的新兴服务业。在经合组织（OECD）国家中，信息服务业、金融服务业等现代服务产业的产值均已超过服务业总产值的 50% 以上，增加值占国内生产总值的比重均超过了 30%，并推动第一、第二、第三产业融合发展。

随着现代服务业的日益兴起，服务逐渐成为制造业竞争优势的新源泉和价值增值点，改变了制造业的生产方式。一些世界级制造企业纷纷通过业务转型和服务模式创新提升竞争力。人们传统上认为是典型制造型企业的通用电气公司，自 2000 年以来每年研发经费都重点支持金融服务、制造服务、信息与技术服务和媒体服务等方向，服务对象既包括自己的产品用户，也涵盖其他企业甚至竞争对手产品用户，其服务利润比重 2008 年达到 61.2%。飞利浦医疗保健以"全程关护"的网络化服务理念，实现由医疗器械制造商向医疗器械全程服务提供商的转变，取得显著成效。在 2009 年的金融危机中，飞利浦医疗保健依然保持了强劲的增长，医疗保健业务销售额达到了 110 亿美元，占到飞利浦全年销售额的 33%，成为飞利浦全球第二大销售创收部门。IBM 公司从传统制造企业成功提升为"向客户提供解决方案"的信息技术服务供应商，其服务收入所占的比重从 1992 年的 23% 提高到 2005 年的 52%。

总而言之，全球经济、政治、生态环境和技术的变化，导致人类的生活和工作方式发生了巨大改变，从而人类对服务提出了更多更新的要求。于是，服务科学领域的管理问题得到了社会各界日益广泛和迫切的关注。

### （二）服务科学的概念和内涵

2002 年 IBM 的 Almaden 研究中心与 UC Berkely 大学组成的合作研究团队，首次提出了服务科学的概念。2004 年 12 月，在 Washington 召开的国家创新峰会上，美国竞争力委员会发布了题为《创新美国：在充满挑战和变化的世界中持续繁荣》的国家创新计划报告，其中"服务科学"概念作为 21 世纪美国国家创新战略之一而被首次提出。此后，"服务科学"日益受到学界和业界推崇。2005 年 7 月，此研究领域被正式命名为"服务科学管理与工程"，仍保留"服务科学"作为简称。2007 年 1 月，美国运筹与管理学会成立服务科学部（Section on Service Science），这标志着服务科学已作为未来重要研究领域而受到高度关注。

在近年来频繁召开的服务科学相关学术会议上，"什么是服务科学""什么是服务科学的目标服务"等问题经常作为核心议题被提出。以下是服务科学的开创性报告《创新美国》以及主要倡导者 IBM 服务研究小组分别对服务科学的概念表述，具有典型的代表性这[1]。

1）《创新美国》报告：服务科学是已有的计算机科学、运筹学、工业工程、数学、管理科学、决策科学、社会科学和法学等诸多领域的交叉。它能在商务和技术的交叉点上促成整个企业的转型、推动创新。这个新学科致力于解决 21 世纪创新的核心问题，如组织再造、技术创新管理和复杂行为系统仿真等。

2）IBM Almaden 服务研究小组认为，服务科学是"将科学、管理和工程的原理应用在一个人、组织或系统或与另一个人、组织或系统共同完成赢利性的特定任务（即服务）中的学科"。通过工作共享、风险共担的合作生产关系，提高对生产力、质量、绩效、柔性、增长以及知识积累的可预见性。他们认为，服务科学本质上是对服务系统的研究，包括服务系统演进与设计、服务系统交互与价值共同创造，以及服务系统专业化与协调。

刘作仪和杜少甫认为，第二种定义是对第一种定义的继承与发展，分别从技术路线和目标上解释了服务科学的内涵[1]。《创新美国》报告主要针对"服务科学"概念做出定义，强调其科学性和跨学科性。IBM 服务研究小组将"服务科学"概念扩展为"服务科学管理与工程"，同时保留"服务科学"作为简称。他们同时兼顾服务科学的科学性、管理性和工程性原理，并特别强调了在服务系统中供应商与客户间合作共赢的关系，从而使所针对的问题和拟采用的方法更为清晰。所以，虽然不同学者和研究人员对服务科学的内涵有着不同的理解，但是它们之间具有一定的内在联系，就是强调服务科学的多学科性。运用交叉学科的研究方法来研究服务或服务系统，不断推动服务创新，提高服务效率和质量，为服务提供者和客户创造服务价值。

### （三）服务科学研究范畴和内容

由于服务主导观念以服务为核心，不再将服务作为产品的附属品，而是认为服务是生产的最终目的，而产品只是服务交付的载体，服务科学的重心也发生了改变。因此，服务主导观念下的服务研究，也就不同于产品主导观念下的服务研究模式。在研究某个服务系统时，就需要树立服务主导观念，通过把服务消费者、服务人员、服务知识等因素纳入研究范畴，围绕价值共同创造与分享，对服务提供者、消费者、服务产品等因素进行综合分析。目前服务科学的研究主要针对服务在现实世界中的应用，覆盖了服务设计、服务运营、服务交付及服务创新等内容。

#### 1. 服务设计

服务设计包括了一项服务全部相关体验的设计，以及对提供这项服务的过程与策略的设计。服务设计不仅关系到顾客、组织与市场，而且关系到如何将新主意、新观点转化为可行方案直至实施。从服务设计的研究方向来看，主要可分为服务设计理论、服务设计方法、服务代表、服务美学以及服务设计教育等 5 个方向内容。从服务设计的对象来看，已有研究从人际交互系统、技术提升、自主服务、计算服务系统、多渠道和多设备以及定位和语境感知七个方面构建了复杂服务系统，因此服务设计的应用主要涉及这七个方面。

#### 2. 服务运营

服务运营是指对服务体系的构造、测量以及控制，聚焦于实现一项服务的基本过程，包括了列队管理、需求预测以及生产计划等。服务运营管理要解决的问题是如何在正确的、恰当的时间为适合的顾客提供所需的服务。为解决这一问题，服务运营管理需要理清三方面问题：①目标市场与顾客的正确划分；②将服务理解为复杂的产品捆绑；③设计好的服务交付系统。

### 3. 服务交付

服务交付主要是从应用的角度，关注服务交付如何实施，通过分析技术（如自助服务系统）对服务交付的影响，研究服务交付优化等问题。一些研究者认为，虽然企业管理者是决策制定者，但往往是服务者而非管理者能感受到顾客的想法，管理者制定决策到最终的服务交付是两个不同的过程，因此如何优化服务交付对价值创造非常重要。进一步地，部分研究者指出，服务交付的优化在于服务交付的创新，服务交付创新需要具备六个要素：网络组织模式、灵活可变的工作流、全球化资源、客户与供应商协作、持续的创新以及技术支持。

### 4. 服务创新

服务创新可以是服务产品的创新，也可以是服务过程的创新，既包括了新服务的发展、服务产品的创新，又包括服务提供过程中的创新。由于服务创新能有效提高服务产出率、服务质量以及服务系统的增长和回报率，因而，如何实现服务创新，是服务科学必须解决的首要问题。以往服务创新的研究与成果主要集中在信息通讯技术的创新与应用方面。目前，越来越多的研究者意识到顾客共同创造价值是理解服务创新的核心概念，顾客在服务生产和服务创新中具有重要的作用。服务创新不能仅从技术的角度出发，而更要从商业的角度出发考察客户的需求，这样服务提供者能够凭借自己独特的服务功能与服务资源而与其他服务提供者区别开来。

## （四）服务科学在社会经济发展中的地位和作用

服务是以协同创造、获取价值为目标的、服务提供商与顾客之间的交互行为[2]。20世纪90年代以来，面对全球劳动力成本增加、资源紧缺和竞争加剧的形势，人们通过全球经济分工（包括平行性分工和垂直性分工，即产品、服务不同类别的分工和产品、服务形成过程不同阶段的分工）与资源配置来降低成本、提高生产率，从而形成全球生产网络和全球贸易网络。与此同时，以互联网为代表的信息通信技术的高速发展，为全球经济和全球服务提供了技术保证，极大地改变了人类的生产和生活方式，不同经济实体可以跨越时空，通过信息通讯技术进行交互服务。因此现代服务具有鲜明的网络化特征，表现在组织网络化与信息网络化两个方面。即现代服务系统的运营往往需要信息网络的支持，而信息网络技术的发展加剧了服务组织的网络化。

我国政府明确提出了"改变经济增长方式，发展服务经济，提升产业结构"的国家战略。《国家中长期科学和技术发展规划纲要（2006—2020）》也指出："现代服务业是重点发展领域。"2010年国家发改委牵头的部际小组确定传感网、物联网、信息网络产业为战略性新兴产业，而传感网、物联网和信息网络的发展，都是为了更好地发展智能服务。这些政策行为都充分说明了现代服务在我国社会经济发展中所承担的重要作用。

### 1. 产业升级

世界发达国家已步入服务经济，相比之下我国服务业占 GDP 和就业人口的比重仍然较低，2009 年分别为 42.6% 和 33%。西方国家一方面通过加工制造业转移淘汰落后生产力，另一方面通过创新获取巨大的服务利润。遗憾的是，在全球经济变革和产业结构调整中，我国发展途径更多地表现为对发达国家落后产能的继承，以"中国制造"而非"中国智造"、"中国创造"争取相对竞争优势。

日本富士经济调查显示，2008 年中国家电产量占世界总产量 77% 以上；2009 年中国汽车产量位居世界第一，超过美日产量之和；钢铁产量连续 13 年世界第一，2009 年达 5070 万吨，约占世界总产量 50%。但中国为此付出了沉重代价，能源过度消耗、环境过度污染，中国企业仍处于价值链低端。这种以牺牲资源和环境为代价的发展模式无法长期持续。我国政府明确提出了"改变经济增长方式，发展服务经济，提升产业结构"的国家战略。实现从"制造大国"向"服务大国"转变的重要途径是大力发展生产型服务业，加强制造和服务的有机融合，促进价值链分解与重组，努力开拓以顾客需求满足全过程为目标的服务新模式，努力提高制造业的效率。大力发展消费性服务是我国"保增长，促消费，调整经济结构"国家战略的重要内容。

### 2. 战略新兴产业

新兴科技与新兴产业的结合与发展，是提升国家竞争力、实现国力赶超的重要手段。当前，我国要实现国家竞争力的迅速提升和反超，不仅依赖于传统产业的升级，更依赖于战略新兴产业的发展。所谓战略新兴产业，是指具备以下三个条件的新产业：一是朝阳产业，产品有稳定并有发展前景的市场需求；二是高附加值产业，具有良好的经济技术效益；三是战略性产业，该产业的发展可以带动一大批相关产业的兴起。

当前国际金融危机给世界经济带来了巨大影响，各国都在寻找下一轮经济增长的动力，开始大力关注对国民经济发展和国家安全具有重大影响力的战略新兴产业的培育。美国政府十分强调新能源、干细胞、航天航空、宽带网络的技术开发和产业发展。日本把重点放在商业航天市场、信息技术应用、新型汽车、低碳产业、医疗与护理、新能源（太阳能）等新兴行业。英国为了应对目前的经济衰退，启动了一项批量生产电动车、混合燃料车的"绿色振兴计划"。德国政府批准了总额为 5 亿欧元的电动汽车研发计划预算。韩国制定《新增长动力规划及发展战略》，将绿色技术、尖端产业融合、高附加值服务等三大领域共 17 项新兴产业确定为新增长动力。我国也同样重视战略新兴产业的培育，2010 年 2 月初，国家发改委牵头成立部际小组，确定新能源、节能环保、信息网络等 7 个新产业为我国重点支持的战略新兴产业。

自 2001 年以来，我国年能耗量一直以 12% 的速度增长，预计到 2020 年，中国将成为世界上最大的能源消耗国。要指出的是，中国能源消耗增长速度多年超过 GDP 增长速度。这反映了中国电网系统的效率低下，发电和输电过程浪费非常严重。中国能源发展面临的主要问题是发展新能源逐步替代化石能源，建设能源使用创新体系，改造现有的能源利用体系，最大限度开发电网体系的能源效率。温家宝总理在 2010 年政府工作报告中明确指出要打好节能减排攻坚战和持久战，要加强智能电网建设。

2008 年，IBM 对美国总统奥巴马建议，将信息革命和新能源革命整合——大力发展智能电网，获得了奥巴马的积极回应。美国政府已提出了绿色能源、环境、气候一体化振兴经济计划，其中智能电网是重要部分。美国《财富》杂志认为智能电网将使美国能耗降低 10%，温室气体排放量减少 25%，并能节约 800 亿美元新电厂的建设费用。智能电网利用传感器对发电、输电、配电、供电等关键设备的运行状况进行实时监控，然后把获得数据通过网络系统进行收集、整合，最后通过数据分析、挖掘，对电力系统运行进行优化管理。智能电网通过信息和通信技术、管理和控制技术，保证电力市场交易的实时运行，保证电网与用户，电网中各成员之间的有效连接和实时互动，以获得一个清洁、高效、安全和可靠的电力系统。智能电网是电力工业自工业革命后最重大的变革，将为人类带来一个智能化、网络化的新型电力服务系统，将产生巨大的经济和社会效益。

以上对传统服务业和新兴服务业的分析揭示了在中国发展现代服务的迫切性、面临的巨大竞争压力与服务管理落后之间的矛盾。快速发展现代服务业不仅对我国产业结构升级具有重大的战略意义，同时也是发展战略新兴产业的迫切需求，在国民经济发展中承担着重要的作用。

## 二、服务科学领域近期总体进展与主要研究方向

### （一）服务科学领域近期总体进展情况简述

在服务业较为发达的国家，加强对服务科学、特别是对网络环境下现代服务科学的研究，被视为增强国家竞争力的重要手段。一些国家已在国家层面上推出与此相关的重大研究计划和项目。美国国家科学基金会（National Science Foundation，NSF）设立了面向服务企业系统的专项课题，最近 5 年支持了 Positive Externalities and Complementarities in Networked Services（网络化服务中的正向外部性与互补性）、Mathematical Models for Large-Scale Service Systems（大规模服务系统的数学模型）、Co-Evolution of Social Service Delivery Networks and Population Dynamics（社会服务交付网络中的合作演化与人口动力学）等百余项课题，研究目标在于解决现代服务运作管理中若干基础和前沿科学问题。

近年来，我国政府也开始大力支持服务科学的发展。科技部 2006 年推出了"十一五"国家支撑计划重大项目"现代服务业共性技术支撑体系与应用示范工程"。"863"计划支持了"强调面向制造业和集群式供应链的服务平台和服务支持系统的开发与应用"。国家自然科学基金委近些年在管理学部、信息学部支持了一系列有关服务的面上项目和重点项目。在管理学部，清华大学、南京大学、复旦大学、同济大学等承担了物流与供应链管

理、城市交通服务、服务企业管理等方面重点项目；在信息学部，清华大学、北京交通大学、中国科学技术大学、哈尔滨工业大学等承担了数据理解、信息安全理论等方面的重点项目。北京航空航天大学"基于行为的若干社会经济复杂系统建模与管理"的创新群体，开展了对服务网络中的参与者行为的研究。2010 年，中国科学技术大学、同济大学、华南理工大学、西南交通大学共同承担了由管理学部设立的国家自然科学基金委重大项目网络环境下的服务运作管理研究。

服务科学的研究不仅得到政府主管部门的积极引导，也得到了学术界广泛的高度关注，表现在相关研究机构的建立、重要学术期刊的关注以及重要科研成果的不断涌现等方面。一些世界知名大学及研究机构，例如麻省理工学院、哥伦比亚大学、康奈尔大学、加州大学、亚利桑那州立大学、马里兰大学、牛津大学、利物浦大学，法国综合理工大学、北京大学以及 IBM 研究院等，都成立了针对现代服务运作管理的研究中心或院系，并开设此方向的课程和学位。以麻省理工学院为例，该校整合与该方向有关的各学科资源，成立了以工程科学、管理科学和社会科学为基础的研究中心 CESF（Center for Engineering Systems Fundamentals），以应用为导向发展服务创新研究，以推动现代服务科学研究的深入。为推动以现代服务科学的学科建设和研究进展，美国运筹和管理科学协会（the Institute for Operations Research and the Management Sciences，INFORMS）于 2007 年成立服务科学部，这在一定意义上标志着服务科学这一新型交叉学科获得学界承认，体现了学界对现代服务科学的高度重视。

近年来，一些重要的国际学术期刊开始关注服务科学领域的研究问题。例如，*Science* 在 2009 年发表了关于国际贸易服务网络的研究，*Nature* 分别在 2008 和 2009 年两次刊登了有关金融服务网络的研究。这些论文的发表体现了服务管理的基础性以及重要研究价值，也反映了服务管理具有自然科学、社会科学、管理科学综合和交互融合的研究特点。除了 *Nature* 和 *Science* 等综合性期刊的关注外，一些专业性期刊也对网络环境下的服务管理研究给予高度重视。其中，*Manufacturing & Service Operations Management* 讨论了服务管理的基本理论、运营管理及服务营销等问题；服务行业类期刊针对物流、零售、民航等具有鲜明网络特征的服务行业相关问题开展专门研究。

从国内情况来看，近几年来服务科学领域的研究也取得了较大的进展。2011 年，国家自然科学基金委管理学部一处刘作仪处长在《2011 年我国管理科学青年学者取得的巨大成就》一文中对服务运作管理领域的巨大成就进行了详细描述[3]。另外，近 5 年来，国内管理科学领域核心期刊（如《系统工程理论与实践》《管理科学学报》《中国管理科学》《管理工程学报》等）上面有关服务科学的文章数量也呈现大幅递增的趋势。

### （二）服务科学领域近期的重点研究方向

#### 1. 面向服务供应链的组织协调与优化

20 世纪 80 代以来，随着全球服务业的快速发展，服务外包作为一种新兴的发展模式，扩展了服务业领域，提高了服务供应链生产效率，成为当代服务业生产方式变革重要推动力以及经济全球化新局势的重要力量。20 世纪末以来，随着信息技术的高速发展，尤其是互联网络的广泛应用，大大降低了企业之间沟通和协调的成本，提高了企业之间沟通和协调的效率，因此服务外包在全球范围内得到了迅速发展。麦肯锡公司认为全球服务外包业务的潜力巨大，2008 年，仅离岸服务外包业务潜在规模就超过 5000 亿美元，截至 2008 年年底只有 12% 实现离岸；到 2012 年，潜在的市场中有 32% 实现离岸，规模为 1600 亿美元。从规模上看，中国服务外包业务还处于初级阶段，虽然规模比较小，但发展速度较快。2007 年，中国服务外包企业为 1731 家，取得各类认证的企业数为 451 家，就业人数为 42.7 亿；截至 2008 年年底，中国服务外包企业已增至 3302 家，取得认证的企业数为 1192 家，占服务外包企业总数的 36.1%，就业人数增加到 52.7 万；而截至 2011 年底，中国呼叫中心坐席总数为 65.6 万，投资总额累计为 600 亿元人民币，复合增长率为 17.85%。

近几年，服务外包供应链的协调与优化问题获得了诸多研究者的关注。Ren 和 Zhou 探索了承包商雇佣的人员数量和努力水平影响其服务质量情形下的服务外包合同设置问题[4]。其中，服务质量是由被服务或被解决的电话数体现的。他们强调了呼叫中心员工服务质量在呼叫中心外包合同中的重要性。Milner 和 Olsen 研究了发包商的顾客包括合同顾客和非合同顾客情形下的协调问题[5]。在客流高峰期，等待延迟是合理的情况下，呼叫中心不会给合同顾客优先服务的权利。只有在非高峰客流时期才会给合同顾客优先服务权的策略。即发包商希望在坚持服务协定的情况下，能尽可能地减少非合同顾客的等待时间，以此来提高服务经验并留住非合同顾客。Ren 和 Zhang 对一些常用的呼叫中心外包合同（如按单位支付费用或按解决的电话量支付费用）进行了比较研究[6]。假设呼叫中心是通过决定它的员工数和努力水平来达到一定服务质量水平的。当努力不能被直接观测到时，他们表明合作类合同可以协调整个呼叫中心外包供应链。Roels 等分析了一个购买者和一个外包商服务合作过程中的合同问题[7]。根据购买商和外包商的努力是否可见，考虑了 3 个背景，从固定费用、时间 – 材料、基于绩效这 3 种合同中，购买者如何选择才是最优的。他们将最优合同的选择与产出对购买者和外包商的敏感度联系起来。他们发现当服务产出对外包商的努力较敏感时，适合选择视绩效而定的固定费用合同；当产出对购买者的努力更敏感时，时间 – 材料合同是最优的；当产出对购买者和外包商的努力一样敏感时，基于绩效的合同是最优的。他们又进一步研究了产出不确定性、改进机会、多个购买者或者多个外包商参与共同生产等因素对合同选择的影响。他们重点强调了，在合作服务的环境中合同选择的潜在性，并确定了服务过程设计改变能够提高合同效率。Kan 和 Lariviere 研究了在发包商拥有更多关于外包业务或产品的需求信息而服务提供商不太了解这一信息时，服务提供商如何通过调节员工服务水平或库存水平来完成与发包商签订的合同[8]。研究发现，低需求的使用供公司更愿意按单位需求付费，而高需求的发包商更偏向于于付一个固定费用。

近年来，大量的服务企业把承诺服务完成时间作为重要的营销指标，并通过承诺比较短的服务完成时间来吸引顾客。复旦大学尚蔚鑫对此问题开展了深入研究，发现剩余服务能力、单位收益与单位服务能力成本的比值，是在营销层面和战略层面上刻画厂家竞争优势的重要指标，这项指标和先动优势决定了厂家在竞争中的状况。基于时间的竞争可能导致厂家过多地进行服务能力的投资，但是却没有厂家获得竞争优势；当厂家同时提高效率时，这种提高的效率有可能导致全体厂家都变差。提供差异化的服务水平有两个重要作用——或者直接的被采用来更好的发挥竞争优势，或者潜在的被采用来威胁竞争对手、保护自己的竞争优势地位。相关研究成果发表于运作管理领域的顶级期刊 *Management Science* 上[9]。

一些学者研究了面向物流服务供应链的服务组织协调与优化。不同于产品供应链，物流服务供应链作为能力链，其协调手段只能通过服务能力的调整与优化来实现。崔爱平等提出了一种基于期权契约的协调机制来研究集成商与分包商物流能力的订购与投资决策问题[10]。吴庆等针对第三方物流（TPL）服务提供商努力提高物流服务水平可以显著影响市场对客户企业产品需求的情形，运用动态博弈模型研究了这一情形下的协调合同设计问题[11]。肖剑等建立了双渠道供应链中制造商电子渠道与零售商服务合作的 Stackelberg 和 Bertrand 博弈模型，研究了电子渠道的编辑服务成本等因素对渠道价格和需求的影响[12]。宋寒等运用委托代理理论设计了非正式的服务外包关系契约，分析了关系契约对双方共同努力的激励作用[13]。

一些学者研究了考虑策略型消费者时服务链的定价与协调。申成霖等建立了考虑服务水平约束时顾客策略性退货模型，研究了商品的最优价格、最优订货量和最优退货价格，并设计了三种契约（回购契约、基于差别定价的回购契约和销售回购契约）对供应链进行协调[14]。胡一竑等针对拥塞服务业中消费者具有连续偏好的情形，基于二层均衡 EPEC 模型研究了寡头服务商的能力竞争问题[15]。通过引入用户保留率，陈波等将用户对系统服务的响应时间的忍耐考虑到网络服务价控策略之中，研究了基于社会福利最大化与 ISP 收益最大化下的网络服务拥塞价控策略[16]。

一些学者研究了面向整个服务网络的网络设计与优化。Andersen 等提出了一类通过协调各运输服务子系统以优化整个物流服务网络成本的模型[17]；然而，他们的研究仍然停留在链状服务组织，具有更加复杂结构的现代服务组织协调问题无法直接沿用传统供应链管理中的协调机制。冯博构建了服务网络设计的优化模型，分析具有多个需求节点和多个服务中心的服务网络在预算约束条件下服务中心配置的设计与优化问题[18]。

### 2. 服务资源的动态调度与配置

近几年，有关医疗服务资源的调度与配置问题一直是运作管理领域的研究热点。医疗健康作为人类一直以来追逐的目标，与每个人息息相关。在当今时代和平与发展的总体趋势下，人们对于医疗服务的要求也在逐步提升。根据世界卫生组织相关报告指出一个国家的总体健康状况与其医疗水平紧密相连。为了满足国民日益增长的医疗服务需求，各国在医疗卫生事业上的投入也在逐年上升。运作领域顶级期刊 *Operations Research* 和 *Manufacturing & Service Operations Management* 分别于 2008 年和 2012 年增设专刊专门探讨医疗卫生领域的运作管理问题。经过文献整理过后，我们发现近 5 年来仅发表在 *Management Science*、*Operations Research* 和 *Manufacturing & Service Operations Management* 上的医疗卫生领域运作管理的文章就已经超过了 40 篇。

中国人民大学的学者王晓芳围绕医疗呼叫中心服务系统和该系统所涉及的投资方、病人和接听电话的医务人员及由此产生的科学问题而展开，创新性地基于策略排队论对医疗呼叫中心进行建模和分析，重点研究顾客选择对服务设计和优化的影响，将复杂的顾客行为和服务系统的运营很好地结合起来。她的研究论证了呼叫中心在优化医疗资源分配、应对突发疫情、提高医疗质量方面的价值，阐明了顾客参与和体验对医疗服务系统的影响，并有助于此类服务系统实现提高基于诊断准确性的服务质量和提高基于等待时间的服务效率的双重目标，同时也回答了医疗呼叫中心的服务水平（包括诊断准确性和等待时间）如何影响病人的选择，如何将顾客选择模型纳入服务设计与管理中，以及不同的医疗报销比例如何影响顾客对呼叫中心的使用、相关机构的投资动机等问题，从运营管理方面为中国的医疗改革这一焦点问题提供了新的思路。相关研究成果发表于运作管理领域的顶级期刊 *Management Science* 上[19]。

国内外的其他一些学者也对服务资源的动态调度与配置问题进行了深入研究。其中，Yankovic 和 Green 通过建立排队模型，研究了医院医护资源的配置问题。他们建立的模型能够很好地预测有关医护人员数量及时间的需求，在提高医护服务质量方面有重要的现实意义[20]。Anand 等研究了服务系统在提供服务质量与服务速度两方面的权衡问题[21]。他们指出，顾客对服务的敏感性程度是均衡价格与服务速度的重要决定因素。Alizamir 等以诊断服务为背景，研究了服务精确性与拥塞程度的权衡问题[22]。刘俊兰和李亚访基于排队论研究了医院手术室的设施优化问题[23]。徐靖和刘俊兰研究了医院手术室病例的调度策略[24]。温艳和刘子先研究了手术室护士的排版设计优化问题[25]。

### 3. 信息服务

信息服务是指通过信息技术为客户提供的生成、获取、储存、转化、处理、检索及应用可获取信息的一种服务形态。随着网络技术的发展，信息服务的形式和适用范围都发生了很大的变化。而"大数据"概念的提出，使得信息服务的关注度越来越高。信息服务正因此成为一个国内外研究的热点。相对而言，我国学者对信息服务的研究集中在情报学和图书馆学，从工商和管理角度来研究信息服务的还比较少。国外学者则对信息服务展开了系统研究，其研究大致可以分为两大主题，即信息服务内容研究和信息服务技术研究。其中对信息服务技术的研究则相对较多。

#### （1）对信息服务内容的研究

对信息内容的研究，学者们大多围绕信息服务中的数据和信息质量展开。根据 Kettinger 和 Lee 的理论，信息质量主要包括有形设施（tangibles）、可靠性（reliability）、响应性（responsiveness）、保障性（assurance）、情感投入（empathy）五重属性[26]。围绕这个理论体系，Stvillia 建立了一个包括内在性（intrinsic），关联 / 情境性（relational/

contextual）和名誉性（reputational）3个维度，22个指标的信息质量评价模型[27]。而 Michnik 和 Lo 则提出了一个包括 16 个指标，4 个层级，即内在性（intrinsic）、情境性（contextual）、代表性（representational）的信息质量评价体系[28]。Arazy 和 Kopak 则进一步对信息质量中的准确性（accuracy）、完整性（completeness）、客观性（objectivity）、代表性（representation）进行了分析，并开发了一套指标测度体系[29]。Madnick 则对现有信息和数据质量研究进行了系统回顾[30]。他们将现有关系数据和信息质量的研究归纳成了包括数据质量影响、与数据质量相关的数据库技术解决方案、在 IT 和计算机科学背景下的数据质量研究、监护下的数据质量研究的四大研究主题。这些研究很大程度上加深了大家对信息服务内涵的了解。

国内学者则根据国际研究成果，对信息质量进行了一些拓展性研究。如张静等则在服务质量（SERVQUAL）模型的基础上，提出用"信息机构所能提供的服务描述"代替"顾客对特定公司所能提供的服务水平的预期"的观点[31]。同时建议引进加权法，来对 5 个层面的评价指标赋予相应的权重，以体现出不同方面在信息服务中不同的重要性。梁梦华从信息可用性、信息易用性、信息充足性、信息专业性和服务交互性 5 个维度构建档案网站服务质量评价初始指标体系，并通过项目和均值分析进行指标体系的优选[32]。同时综合运用多维尺度法（MDS）和灰色关联度分析（GRA）方法从直观层面和精准层面分别对样本网站进行实证研究。

**（2）信息服务技术研究**

对信息服务技术的研究，学者大多以信息技术为重点进行展开。由于信息技术的快速发展，使得信息服务的适用范围不断扩展，同时也带来很多挑战，如对信息安全的考虑等。因此，是否采用先进的信息技术，特别是互联网技术，来推进信息服务正成为很多学者关注的热点。如学者们开始通过研究跨组织信息系统的采用和实施来分析当代信息服务技术的发展。与传统的跨组织信息系统不同，当代的跨组织系统往往基于互联网，可以通过数据库分享和交互决策技术支持帮助企业与业务伙伴开放、低成本、大信息量地彼此共享各种信息服务。但由于企业间实力失衡问题，该系统的实际价值往往会在企业间得不到合理分配，即合作双方中占主导一方获取了绝大部分好处。不健全的市场和法律机制也加深了市场的垄断，加剧了这种实力失衡问题，从而导致价值分配不合理的现象更为突出。这种不合理阻碍了该系统的普及，制约了信息服务的发展，成为很多企业在网络环境中阻碍信息服务的重要原因。因此，如何推行跨组织信息系统的采纳和应用就成为提升和改善信息服务的最根本问题。围绕这个问题，现有研究基本上可以分成三个基本观点，即基于资源基础观（resource-based view）的观点、基于交易成本（transaction cost economics）的观点和基于社会政治（social-political perspective）的观点。

基于资源基础观这部分研究主要认为企业对信息服务技术的采纳决策往往会受其所拥有资源水平影响，即企业自身的能力是技术采纳和应用的重要决定因素。如 Lai 等通过实证研究发现，企业的资源投入（resource commitment）和管理参与（managerial involvement）是改善企业 IT 能力，并最终提升服务绩效的重要因素[33]。Voola 等研究表明市场倾向

（market orientation）和技术机会（technological opportunism）作为组织的两种特定的能力，可以相互补充影响组织的创新采纳，如电子商务（E-business），从而提高组织的绩效[34]。

基于交易成本理论则认为系统自身提供的利益及其涉及的成本决定了企业的采纳决策。Standing 等根据对从 1997—2008 年的电子市场（e-marketplace）的研究进行综述后发现作为电子市场研究中的核心理论，交易成本理论有效地分析了企业在运用电子市场这一新兴信息服务技术中的决策模式和影响因素[35]。Chong 等基于交易成本理论，提出了产品复杂度（product complexity）和产品量及交易频次（product volume and transaction frequency）是影响电子化合作技术采纳（E-Collaboration tools adoption）的重要因素，并通过实证研究证实了这一观点[36]。Devaraj 等则根据交易成本理论认为，供应商的定制化（supplier customization）将很大程度上决定购买量的灵活性，从而影响到电子采购（e-procurement）的绩效[37]。

考虑到资源基础观和交易成本观点往往只考虑了企业自身因素，而忽略了企业所处生态圈的情况，一部分学者开始借鉴社会 - 政治理论来分析企业所处环境中的社会政治因素在其决策中的影响。这类研究突破了传统研究中多从技术和单一企业的角度来研究的局限，主要分析了企业与其业务伙伴间的关系，以及行业特性在企业决策中的影响。如 Ke 等则通过采用社会 - 政治观点，分析了信任（trust）和制度压力（institutional pressures）在业务伙伴权力（power）和企业电子供应链管理系统（ESCMS）采纳意向关系中的中介作用[38]。他们的研究结果显示企业的媒介权力（mediated-power）是会通过削弱组织间信任来间接地影响企业采纳意向；而其非媒介压力（non-mediated power）则可以通过增强信任和制度压力来间接提升企业 ESCMS 采纳意向。Chan 和 Chong 进一步提出业务伙伴影响力、关系承诺、对业务伙伴的信任是企业跨组织系统标准（即 RosettaNet）采纳的重要决定因素[39]。其实证研究结果也证实了这些因素所具有的显著作用。Liu 等在现有制度理论框架内，探索了企业感知的制度压力和自身的企业文化在其 ESCMS 采纳决策中的交互作用[40]。其研究结果表明，强制压力和规范压力都能显著提升采纳意向，而组织的灵活型文化（flexibility culture）和控制型文化（control culture）则能显著调节制度压力的作用。Tesai 等则发现制度压力在对系统采纳意向（intention of RFID adoption）发生作用时，它们的影响应该是通过关系投资（Relational investment）来间接发挥作用的[41]。

对于支持信息服务的信息技术，国内学者也展开了一定的研究。如杨连峰等通过总结影响技术创新采纳的因素研究，整合个人、环境、组织、技术、任务和组织间的因素，以及这些因素可能的相互作用，提出了一个影响组织创新采纳的因素整合模型[42]。王玮等则在分别对有关企业信息系统采纳阶段使用、采纳后持续使用以及采纳后深层次使用的研究进行了述评[43]。他们研究指出，技术的感知有用性和感知易用性是影响使用行为意向和使用行为的两个主要因素，对于 IS 的持续使用将会受到个人因素、社会因素、情绪方面因素以及习惯的影响，而对于 IS 深层次使用则会受到组织因素（组织规模、组织支持、组织战略以及组织创新气氛等）和员工个人因素（员工的个人特征、员工的心理感知和员工的信任感）的影响。贺明明等则研究了企业所在关系网络的网络结构性及组织外部学习行为在跨组织信息系统（IOS）采纳后使用阶段，对其吸收的影响及作用机理[44]。他们的实证结果表明结构资本的两个重要方面，即社会互动和网络中心性对 IOS 吸收具有显著的正向影响，并且是通过组织外部学习的完全中介作用实现的，而网络连接的影响并不显著。而杨善林等则从管理的视角对基于云计算的多源信息服务系统做了较为系统的综述[45]。他们描述了在云计算环境下信息服务各要素以及面向不同领域、不同用户的多源信息服务模式、信息服务资源的描述方法、发现与匹配机制、资源配置与实时监控方法等信息服务资源管理问题和多源信息服务的全生命周期以及服务过程的优化与协调机制。这些研究对丰富信息服务和信息技术研究提供了重要的参考。

## 三、服务科学未来发展趋势及关键科学问题

### （一）考虑网络效应的服务网络间协调方法的相关研究

随着附属服务供应量的增加，主要服务的效用和销量会随之增加，而附属服务的供应反过来又依赖于主要服务已有的销量。例如银行卡和 ATM 机，游戏机和游戏软件、游戏币和游戏装备销售，电子书阅读器和电子书籍、衍生软件等，间接网络效应对于创新服务的市场扩散具有重要的影响。

当前研究中，间接网络效应的研究主要集中于 3 个方面：硬件和软件产业的协调、标准制定、买方的技术采纳决策。在硬件和软件产业的协调方面，Church 和 Gandal 从产业角度研究了耐用消费品（多头垄断）与附属产品 / 服务（垄断）的制造商在不同市场格局下的整合动机，揭示了软件开发的成本对产业格局、产品多样性和消费者剩余的影响[46]。在非合作博弈框架下，当软件开发成本较低时，硬件和软件产业可能陷入囚徒困境。Economides and Salop 在 Cournot 双头垄断互补模型基础上研究了互补产品网络的竞争和整合问题（其中每种产品都有多个互相竞争的供应商品牌），分析了各种组织和市场结构下的均衡价格，揭示了不同结构下"纵向外部性"和"横向外部性"内部化的影响[47]。在标准制定方面，Church 和 Gandal 研究了软件供应商的软件产品供应决策问题，其中软件供应商的决策会决定多个互相竞争的硬件技术的价值和市场份额[48]。在买方的技术采纳决策方面，Gandal 等采用实证方法对 CD 播放器和 CD 的销售进行了研究[49]。

间接网络效应的特殊性在于它存在于多种关联产品的扩散过程之中，考虑间接网络效应的组织间协调对于多个服务网络系统的优化具有重要的价值。实践中企业会有意利用间接网络效应来加速产品的扩散和制造锁定效应，如中国移动推出飞信业务，允许移动用户之间免费互相发送短信，当采纳飞信业务的用户足够多时，就产生了锁定效应，用户不愿意更换移动电话服务运营商，因为会损失与所有的飞信好友免费聊天的效用。间接网络效应对新产品和服务的制约也在很多行业体现，如新能源汽车的扩散受到充电站数量的影响，而充电站的建设又受到新能源汽车总量的影响，其结果是双方供应商都处于等待阶

段，减缓了新能源产品 / 服务的扩散。然而，对于这类组织间的协调问题，由于其跨服务网络特性，相关研究比较缺乏。

总之，现有研究识别了产品 / 服务间的关联关系，以及这种关联关系对于组织内决策的影响，从独厂商、产业或供应链角度对关联产品 / 服务的定价、供应决策进行了分析，提出了一些机制（如务组合、捆绑销售、平台服务）来处理关联产品和服务的联合决策。现有研究多采用中央决策者角来分析决策的次优，对关联性的影响多采用静态分析框架。网络环境下不同服务组织间复杂多的关联性决定了服务网络间的协调是多个网络合作共赢、提高收益的关键问题。其中尚需重点研究的问题包括[50]：如何基于静态分析和动态分析框架来研究关联性对服务网络间协调及其演变的影响，如何基于服务网络间关联关系研究平台合作机制，如何考虑服务网络的间接网络效应对服务扩散过程及服务网络间协调的影响。

### （二）基于信息技术的服务资源集成与流程协作

随着信息通讯技术的发展与广泛应用，使得企业拥有了在一个低成本、易实施的系统平台上整合离散流程与专业化服务的机会。因此，基于平台的服务资源集成与服务协作是网络环境下服务组织的重要模式[50]。

平台模式提供给终端消费者的产品与服务的价值随平台参与者数量的增加而增加。平台中核心企业的行为对其他提供互补产品的参与企业有重要影响，形成一种商业生态系统。目前平台模式的研究与应用主要集中在制造业，如汽车制造、设备与工具制造等领域产品平台。信息与软件行业的平台即服务（Platform as a Service，PaaS）模式是产品平台的一种发展，即将产品平台拓展到计算与软件工具资源的平台。这种平台主要属于云计算服务领域，着眼于计算与软件工具资源的配置。即顾客利用平台提供的软件和 / 或库构造自己的应用软件。顾客决定软件的布局和配置，平台提供网络、服务器、存储空间和其他服务。

平台服务比 PaaS 具有更广泛的内涵且具有一些新的特点。平台服务能够吸引其他企业加入服务运作以更好地共创价值，能够有效地连接多个客户群的需求与服务供给并不断进行自我完善。服务平台为所有加入企业所共享，参加企业（尤其是中小企业）之间以及客户群之间具有协同效应（即客户群的需求相互影响，需求的价格弹性不同，且相互之间具有正向网络效应）。平台服务可以是一个拓展的呼叫中心（如携程、老年关护服务系统等），一套连接前后台的在线服务系统（如 ctrip.com，amazon.com，UPS.com 等），一套网络系统（如移动通讯网络系统，以数据存储为主的存储型云平台等），一个社交网络服务网站（如 Twitter，Facebook 等），一个媒体分享网站（如 YouTube 等）。平台企业通过开放其所拥有的核心资源（包括客户群）向其他企业提供支持，可以衍生出新的服务平台，且能促进服务创新。信息与网络通信技术是构建现代服务平台的必要条件，其主要作用是吸引和 / 或形成初始的客户群体，并为及时连接客户需求与服务资源提供方法与手段上的支持，但相关优质的专业化服务资源（如服务技能、服务品牌等）的整合并由此产生新的客户群体是平台成功的关键。

平台服务模式改变了传统的价值链管理和竞争方式。在这一转变过程中，企业正面临着各种挑战。相比一般的 IT 投资项目，服务组织管理网络化是一个投入大、周期长、涉及面广、管理变革复杂的系统工程。企业普遍面临着 IT 生产力悖论问题（即 IT 投资并没有同步地帮助生产力增长，而企业的 IT 投资却不断增加），同时，互联网和数字化公司的出现使行业竞争力模型不得不做出调整。传统的市场竞争是假设行业环境是静止的，行业间有明确的界限，有稳定的业务关系。但在网络环境下，信息越来越透明，企业转移成本越来越低，竞争范围也从单一地域、行业转向全球和多行业。这增强了服务组织整合的紧迫性和持续性。总而言之，信息通信技术的发展与广泛应用推动了服务业内部结构升级和产业融合，并带动了现代服务业爆发式增长。网络环境下的平台服务模式日益成为现代服务业的主流模式。平台服务模式为服务参与者提供了一种低成本的接入平台，可以有效地整合分散的、专业化的服务资源，通过顾客的参与和价值共创，为顾客提供系统化、集约的高水平服务。因此，如何认识这种基于信息技术发展起来的新型服务模式以及该模式下的资源整合与协作机制以促进现代服务业发展是值得国内外学者共同关注的问题。

# 参 考 文 献

［1］刘作仪，杜少甫. 服务科学管理与工程：一个正在兴起的领域［J］. 管理学报，2008，5（4）：607-615.

［2］赵晓波，谢金星，张汉勤，等. 展望服务科学［J］. 工业工程与管理，2009（1）：90-94.

［3］刘作仪. 2011 年我国管理科学青年学者取得的巨大成就. 管理科学学报，2011，14（9）：86-90.

［4］Ren Z J, Zhou Y P. Call center outsourcing: Coordinating staffing level and service quality［J］. Management Science, 2008, 54（2）：369-383.

［5］Milner J M, Olsen T L. Service-level agreements in call centers: Perils and prescriptions［J］. Management Science, 2008, 54（2）：238-252.

［6］Ren Z J, Zhang F. Service outsourcing: Capacity, quality and correlated costs［J］. SSRN eLibrary, 2009.

［7］Roels G, Karmarkar U S, Carr S. Contracting for collaborative services［J］. Management Science, 2010, 56（5）：849-863.

［8］Akan M, Ata B, Lariviere M A. Asymmetric information and economies of scale in service contracting［J］. Manufacturing & Service Operations Management, 2011, 13（1）：58-72.

［9］Shang WX, Liu LM. Promised delivery time and capacity games in time-based competition. Management Science, 2011, 57（3）：599-610.

［10］崔爱平，刘伟. 物流服务供应链中基于期权契约的能力协调［J］. 中国管理科学，2009，17（2）：59-65.

［11］吴庆，但斌. 物流服务水平影响市场需求变化的 TPL 协调合同［J］. 管理科学学报，2008，11（5）：64-75.

［12］肖剑，但斌，张旭梅. 双渠道供应链中制造商与零售商的服务合作定价策略［J］. 系统工程理论与实践，2010，30（12）：2203-2211.

［13］宋寒，但斌，张旭梅. 服务外包中双边道德风险的关系契约激励机制［J］. 系统工程理论与实践，2010，30（11）：1944-1953.

［14］申成霖，张新鑫，卿志琼. 服务水平约束下基于顾客策略性退货的供应链契约协调研究［J］. 中国管理

科学，2010，18（4）：56–64.

［15］ 胡一竑，张建同，朱道立. 考虑消费者偏好的寡头服务商竞争研究［J］. 系统工程学报，2012，27（3）：311–319.

［16］ 陈波，程小虎，吴华清. 考虑用户忍耐的网络服务拥塞价控策略［J］. 系统工程学报，2012，27（5）：607–616.

［17］ Andersen J, Christiansen M. Designing new European rail freight services［J］. Journal of the Operational Research Society, 2009, 60（3）: 348–360.

［18］ 冯博. 多个服务中心的服务网络设计与优化［J］. 系统工程学报，2012,27（2）:177–184.

［19］ Wang XF, Debo LG, Scheller–Wolf A, et al. Design and analysis of diagnostic service centers. Management Science, 2010, 56（11）: 1873–1890.

［20］ Yankovic N, Green LV. Identifying good nursing levels: a queuing approach［J］. Operations Research, 2011, 59（4）: 942–955.

［21］ Anand KS, Paç MF, Veeraraghavan S. Quality–speed conundrum: trade–offs in customer–intensive services［J］. anagement Science, 2011, 57（1）: 40–56.

［22］ Alizamir S, Véricourt F, Sun P. Diagnostic accuracy under congestion［J］. Management Science, 2013, 59（1）: 157–171.

［23］ 刘俊兰，李亚访，等. 基于排队论的医院手术室设施优化［J］. 中华医院管理杂志，2011，27（6）：413–416.

［24］ 徐靖，刘俊兰. 基于作业调度的医院手术室病例调度策略研究［J］. 中华医院管理杂志，2011，27（6）：417–420.

［25］ 温艳，刘子先. 基于整数规划的医院手术室护士排班设计［J］. 中华医院管理杂志，2011，27（6）：420–422.

［26］ Kettinger WJ, Lee CC, Lee S. Global Measures of Information Service Quality: A Cross–National Study［J］. Decision Sciences, 1995, 26（5）: 569–588.

［27］ Stvillia, B., Twidale, MB, Smith, et al. Information Quality Work Organization in Wikipedia. 2007.

［28］ Michnik J, Lo MC. The assessment of the information quality with the aid of multiple criteria analysis［J］. European Journal of Operational Research, 2009, 195（3）: 850–856.

［29］ Arazy O, Kopak R. On the measurability of information quality［J］. Journal of the American Society for Information Science and Technology, 2011, 62（1）: 89–99.

［30］ Madnick SE, Wang RY, Lee YW, et al. Overview and framework for data and information quality research［J］. Journal of Data and Information Quality, 2009, 1（1）: 2.

［31］ 张静，锅艳玲，李静. SERVQUAL 评价法在信息机构的信息服务质量评价工作中的应用研究［J］. 河北省科学院学报，2011，28（2）：10–14.

［32］ 梁孟华. 档案网站信息服务质量评价研究［J］. 档案学通讯，2012，2：57–61.

［33］ Lai F, Li D, Wang Q, et al. The information technology capability of third–party logistics providers: a resource –based view and empirical evidence from china［J］. Journal of Supply Chain Management, 2008, 44（3）, 22–38.

［34］ Voola R, Casimir G, Carlson J, et al. The effects of market orientation, technological opportunism, and e–business adoption on performance: A moderated mediation analysis［J］. Australasian Marketing Journal, 2012, 20（2）: 136–146.

［35］ Standing S, Standing C, Love PED. A review of research on e–marketplaces 1997－2008［J］. Decision Support Systems, 2010, 49（1）: 41–51.

［36］ Chong AYL, Ooi KB, Sohal A. The relationship between supply chain factors and adoption of e–Collaboration tools: An empirical examination［J］. International Journal of Production Economics, 2009, 122（1）: 150–160.

［37］ Devaraj S, Vaidyanathan G, Mishra AN. Effect of purchase volume flexibility and purchase mix flexibility on e–procurement performance: An analysis of two perspectives［J］. Journal of Operations Management, 2012, 30（7－8）: 509–520.

［38］ Ke WL, Liu HF, Wei KK, et al. How do mediated and non-mediated power affect electronic supply chain management system adoption? The mediating effects of trust and institutional pressures［J］. Decision Support Systems, 2009, 46 （4）: 839–851.

［39］ Chan FTS, Chong AYL. A SEM - neural network approach for understanding determinants of interorganizational system standard adoption and performances［J］. Decision Support Systems, 2012, 54 （1）: 621–630.

［40］ Liu HF, Ke WL, Wei KK, et al. The role of institutional pressures and organizational culture in the firm's intention to adopt internet-enabled supply chain management systems［J］. Journal of Operations Management, 2010, 28 （5）: 372–384.

［41］ Tsai MC, Lai KH, Hsu WC. A study of the institutional forces influencing the adoption intention of RFID by suppliers ［J］. Information & Management, 2013, 50 （1）: 59–65.

［42］ 杨连峰, 刘震宇, 罗春辉. 影响组织创新采纳的因素整合模型［J］. 软科学, 2011, 25 （6）: 127–134.

［43］ 王玮, 廖勇. 企业信息系统采纳后行为研究评价与展望［J］. 外国经济管理, 2011, 33 （2）: 26–40.

［44］ 贺明明, 王铁男, 肖璇. 结构资本对跨组织信息系统吸收影响实证研究［J］. 哈尔滨工程大学学报, 2012, 33 （7）: 916–922.

［45］ 杨善林, 罗贺, 丁帅. 基于云计算的多源信息服务系统研究综述［J］. 管理科学学报, 2012: 15 （5）, 83–96.

［46］ Church J, Gandal N. Integration, complementary products, and variety ［J］. Journal of Economics & Management Strategy, 1992, 1 （4）: 651–675.

［47］ Economides N, Salop S C. Competition and integration among complements, and network market structure ［J］. The Journal of Industrial Economics, 1992: 105–123.

［48］ Church J, Gandal N. Network effects, software provision, and standardization ［J］. The Journal of Industrial Economics, 1992: 85–103.

［49］ Gandal N, Kende M, Rob R. the dynamics of technological adoption in hardware/software systems: The case of compact disc players ［J］. The RAND Journal of Economics, 2000: 43–61.

［50］ 华中生. 网络环境下的平台服务及其管理问题［J］. 管理科学学报, 2013, 16 （12）: 1–12.

撰稿人：华中生　孙燕红　刘和福　谢金贵

# 低碳发展管理发展研究

## 一、引言

全球气候变化是人类迄今为止面临的最重大挑战之一。伴随着工业文明带给人类的巨大财富，大量的化石能源被消耗，由此排放的温室气体在大气中不断累积，造成的温室效应正不断影响和威胁着人类赖以生存的生态系统[1]。

为了应对气候变暖，减少对化石能源的依赖，一些国家提出了低碳经济的发展理念，并引起了国际社会的积极反应。低碳经济的正式提法最早见于英国时任首相布莱尔 2003 年 2 月 24 日发表的《我们未来的能源——创建低碳经济》白皮书。这份报告指出，低碳经济是通过更少的自然资源消耗和环境污染，获得更多的经济产出，是创造更高的生活标准和更好的生活质量的途径和机会，也为发展、应用和输出先进技术创造了机会，同时也能创造新的商机和更多的就业机会。此后，德、日、英等国学者分别研究并提出了本国发展低碳经济的路径与政策[2, 3]。

我国经济持续高速发展了 30 年，取得了举世瞩目的发展成就。但经济发展的同时也伴随着快速增加的能源消费、环境污染和温室气体排放。1990—2012 年，我国化石能源燃烧导致的 $CO_2$ 排放由 24.0 亿吨增至 92.1 亿吨，年均增加 6.3%，已经成为全球温室气体的主要排放源之一；2012 年排放占全球排放的 26.7%，大大高于排在第二名美国的 16.8%[4]。另一方面，粗放的经济增长方式也带来了严重的环境污染、生态破坏、地表水污染和日益突出的能源安全问题。据《中国能源统计年鉴（2012）》，1990—2011 年，我国一次能源消费由 9.87 亿吨标煤增至 34.8 亿吨标煤，年均增幅约为 6.2%。石油进口量逐年增加，对外石油依赖程度不断加深，2012 年我国的石油进口依存度已经增加到 57.8%。我国自身的能源资源储量并不丰富，石油探明可采储量只有 11.4 年，煤炭只有 31 年，处于开发初期的天然气也只有 28.9 年[4]。

因此，不论从应对气候变化的角度还是我国自身发展的角度，粗放式的经济增长方式都难以为继，走低碳发展的道路是必然的选择。展望未来，我国尚处于快速工业化和城镇化的进程中，如何实现低碳经济的转型，是我们面临的重大发展问题[5-8]。以低碳经济为基础的发展理念就是低碳发展理念，其影响涉及人类经济、社会发展的方方面面，因此给经济社会管理带来新的课题。

## 二、低碳发展对管理科学与工程学科的挑战

低碳发展是一种全新的发展模式，需要立足于国情和特定的发展阶段，从优化经济结构、改善能源结构、提高能源利用效率和发展低碳能源技术等多方面入手。它不仅仅会改变我们的能源结构，改变我们的产品结构，而且会更进一步地改变人类的生产方式和消费方式。从总体上看来，低碳经济是实现可持续发展一项非常重要的措施，特别是在当前的情况下[9]。

低碳发展理念要求我们重新思考发展道路和发展方式的问题，这些问题显然是多学科交叉和综合性的。但是，其中一些核心的重要的挑战是管理科学的研究范畴：①经济社会的发展是否必须经历或者在何种程度上经历高排放、高污染的阶段，我们可以在何种程度上优化发展路径，实现经济与自然和社会的和谐发展；②低碳发展理念下，生产系统必将做出改变，不仅表现为产业结构的调整，同时会带来供应链的重组；③能源供应系统将会发生革命性的变化，低碳无碳能源技术将加速发展，对技术演进规律以及科技与财税政策对技术发展轨迹的改变的认识，可能影响中长期规划和战略决策；④能源资源开发、转化和利用的方式和效率不断改善，资源可耗竭理论可能被赋予新的内涵；⑤低碳发展需要什么样的制度安排，如何在市场机制下优化政策设计，把低碳价值观引入到资源优化配置的管理科学框架中；⑥由于气候变化的全球外部性，国际博弈与合作的机制设计成为持续的热点。对这些问题的探索和回答是管理科学必须面对的挑战和历史任务。

事实上，气候变化与低碳发展的研究从 20 世纪 90 年代就已经受到世界知名大学及研究机构的高度重视，例如美国的 MIT、哈佛大学，加拿大的多伦多大学，英国的牛津大学、剑桥大学，国际组织 IIASA、美国劳伦斯伯克利国家实验室、美国西北太平洋国家实验室、世界资源研究所、美国国家气候变化和野生动物科学中心、加州气候变化研究中心、日本能源经济研究所等，都成立了针对气候变化和低碳发展的专门研究部门，从经济学、管理科学和社会科学等多学科的角度开展系统的和长期的研究。

进入 21 世纪，对气候变化和低碳发展的研究成为科学研究的热点和焦点。在 *Nature* 和 *Science* 上，近年来刊登了很多和气候变化与低碳发展有关的重要论文[10-11]，*Nature* 出版了专门针对气候变化研究的子刊 *Nature Climate Change*。经济管理类期刊重点讨论气候变化中的经济学、减少温室气体的经济代价、减排配额分配、碳市场和碳关税对经济发展和减少温室气体排放的影响以及减排的国际机制等[12-13]。能源类期刊也刊登了大量涉及管理科学和交叉科学的文章，重点关注能源使用与温室气体排放之间的联系、能源结构调整对减少温室气体排放的贡献、低碳能源技术发展以及低碳能源战略等。自然科学类期刊（地学、生物学、环境学）也有很多涉及气候变化驱动力及其作用机理的、气候变化的监测、碳足迹与生态脆弱性、气候变化的减缓与适应等。同时，一批与气候变化与低碳发展相关的国际学术期刊也随之出现，如针对电力、工

业和制造部门控制和减少温室气体排放研究的 *International Journal of Greenhouse Gas Control*，讨论气候变化机理与应对策略的 *Climate Change*，以及针对气候政策讨论和分析的 *Climate Policy* 等。论文期刊的分布情况显示了该学科研究广泛的覆盖面和较强的交叉性。

我国学者从地球科学、信息科学、生态科学、大气科学以及管理科学、经济学等领域对气候变化和低碳发展等各个领域开展研究，近年来取得了可喜的进展。国内经济管理类期刊中有关气候变化和低碳发展的论文数量在增加，专门针对气候变化研究的综合性期刊《气候变化研究进展》自 2005 年创刊以来，刊登了大量反映学科前沿的论文。国家自然科学基金、"973"计划、科技支撑计划都启动了一批与气候变化基础研究和管理科学研究相关的项目。

## 三、低碳发展管理的国际国内研究进展

我们将从经济增长方式与低碳发展规划，减排的市场机制与政策，低碳能源技术的评价、扩散、与政策研究，低碳生产供应链，全生命周期的能源（资源）评价与开发策略，智能电网与低碳能源优化配置等领域对国际国内低碳发展管理的研究进展和发展趋势进行综合分析。

### （一）经济增长方式与低碳发展规划

#### 1. 研究领域概述

低碳发展的核心是转变现有的经济增长方式，改变能源结构、产品结构、生产方式和消费方式。在低碳经济中，经济发展会受到碳排放的约束，因此需要考察经济增长与能源使用，以及碳排放等之间的联系及互动关系。为刻画经济系统与气候系统以及能源系统之间错综复杂的关系，气候综合评估模型（Integrated Assessment Model，IAM）在近年来得到了广泛的应用，这类模型具备全面综合的系统结构、丰富的元素构成以及强大的气候影响评估能力，通过刻画气候变化对人类社会系统的反馈影响，用来评估如何改变人类生产、生活以及能源消费等活动，以达到发展低碳经济和应对气候变化的目的。在 IAM 模型中，政策变量的导入是近年研究的重点，针对区域特点开展的区域层次上的低碳发展评价和规划是新的热点。

#### 2. 研究现状及主要成果

##### （1）气候变化综合模型

气候系统实际上是一个综合大气环境、海洋环境、陆地环境和人类社会生存环境的复杂系统，因此，研究气候变化的综合模型理论上也应是囊括所有这些具体组成元素的复杂

抽象模型。然而，在实际应用时，建模者往往会根据研究问题的特定需求有侧重地以单个或部分元素为主体来构建整个模型框架，而其他元素则简化处理。

气候综合评估模型往往既包括描述人类生产、生活以及能源消费等活动的社会系统板块，也包括描述碳循环以及温度升高过程的气候系统板块，同时还包括刻画气候变化对人类社会系统反馈影响的气候损失评估板块。从创立至今，气候综合评估模型已经过了30多年的发展，它在研究不同减排情景下的能源需求变化、碳排放路径变化，进行边际减排成本分析以及气候损失评估等方面具有广泛的应用实践，这些模型发展和实际应用已使得IAM模型逐渐成为了研究气候变化问题主流工具。

气候变化综合评估模型主要分为"自顶向下"型模型（Top-down）和"自底向上"型模型（Bottom-up）两大类。可计算一般均衡模型（Computable General Equilibrium，CGE）是一种典型的自顶向下模型，它以现代微观经济学中的瓦尔拉斯一般均衡理论为基础，着重描述经济系统中各部门的行为特征，而将能源产品当成与资本、劳动一样的生产要素来处理，市场中商品和服务的供给与需求达到均衡时价格的出清行为贯穿模型求解的始终。

中国的能源与气候相关模型工作起步较晚，清华大学、中国社会科学研究院以及国务院发展研究中心等单位都开始了在"自顶向下"和"自底向上"模型建模与应用相关的研究工作，尤其是在自顶向下的CGE模型的建模与应用方面[14-17]。此外，姜克隽等[18]以IAM模型为基础发展出了中国与全球温室气体排放情景分析模型（IPAC），并利用该模型对中国未来能源使用结构与温室气体排放情况进行了分析，同时还考察了中国减排所需付出的经济成本；Zhu等[19]构建非线性规划模型比较中国、印度和美国实现减排承诺的路径及成本差异。

（2）低碳发展模式及评价

美国环境经济学家Grossman研究了空气和水污染物质12年的变动情况后认为，环境质量在经济发展的初期随经济的增长呈现首先恶化的趋势，但是随着经济发展到较高水平时，恶化的趋势会缓解，并随着经济的持续增长不断得到改善。受这一观点启发，大量学者运用截面、时序或者面板数据，对我国是否存在环境库兹涅茨曲线（EKC）进行了广泛研究[20-22]。

此外，碳排放绩效作为环境绩效评价的一种，随着气候变化问题引起关注也成为国内外研究的热点，很多学者提出不同的指标或方法来评价碳排放绩效，如能源排放强度（单位能源消耗的碳排放量），能源强度（单位GDP的能源消费量），碳排放强度（单位GDP的碳排放量），综合环境绩效指数（基于DEA方法）[23-25]，全要素Malmquist指数[26]，以及其他综合评价方法[27-29]。

关于具体如何评价低碳发展水平，目前学界还没有统一的观点。Kaya等认为构建低碳社会要掌握一个国家或地区的$CO_2$排放量，并建立了Kaya公式来表征一个地区的$CO_2$排放量。范英等[5]认为，建立低碳经济综合评价指标体系可以较好地对低碳发展水平进行评价，但是体系设计在现有的研究基础上，可以进一步借鉴系统动力学的思想方法，最大程度集成与优化主、客观两方面信息，同时将趋于节能减排影响因素的定量评估结果纳入进来，构建一套能同时涵盖经济发展、能源利用、$CO_2$ 及污染物排放、低碳资源、低碳科技与低碳产业、低碳政策措施等多个方面、层次清晰的指标体系。

## （二）促进低碳发展的市场机制与政策

### 1. 研究领域概述

由于碳排放的全球外部性效应，减排必须依靠政策的介入。在减排政策工具中，碳税和碳排放权交易机制是目前普遍采用的两种应对气候变化的市场机制。碳税一般是针对（所有或主要的）生产活动的碳排放征收的一种政府税收，通过征收碳税对企业排放的环境影响定价，从而将排放造成的气候损失纳入到企业成本中，促进减少排放。相对来说，征收碳税所需的管理成本较少，易于操作。但是，在碳税政策下，企业很容易将增加的碳税成本转嫁给消费者，削弱减排效果，并造成消费者的额外负担。相比之下，碳排放交易机制是将二氧化碳排放权作为一种商品，从减排温室气体成本差异的角度，通过规范化的市场交易行为，形成企业间、地区间或国家间的碳排放权利的交换，使企业以较低成本获取温室气体减排额，从而实现减排目标。与碳税不同，碳排放交易机制更有利于激励企业投资于新技术，通过提高能效、改进生产流程、调整用能结构等措施主动减排，即主动减排的效果（减排额）可以通过碳交易市场出售获利（或者避免购买排放权的支出）。

### 2. 研究现状及主要成果

#### （1）碳排放交易的理论研究及对企业投资影响分析

由人类对化石能源的过量消耗所导致气候变化问题的本质，是部分经济生产 – 消费活动存在外部性，即企业生产活动私有净效益与社会净效益存在差异。自从 20 世纪 60 年代经济学家 Coase（1960）提出排放权交易制度的思想[30]，较完整的理论体系的建立由 Montgomery[31] 完成。其他重要理论探讨包括市场结构及其对市场效率的影响，排放配额的初始分配方式[32]，以及碳价格稳定机制[33]。

关于引入碳交易机制对企业的影响，主要包括碳价转移机制对企业竞争力影响，以及企业投资和创新行为的影响等方面。多数研究通过对 EU EUS（欧盟电子口岸更新系统客户端）的实证分析，认为碳市场已经成为推动能源技术投资和促进能源技术升级的重要因素，但其显著性差异较大[34]。部分学者从短期影响和长期影响两个层面来分析碳排放权交易机制对公司竞争力的影响。Mo 等[35]实证研究了欧盟排放权交易机制在前后两个阶段对电力公司价值的影响，研究结果表明，这种影响与免费配额分配状况密切相关。还有研究分析碳价成本传递到企业产品价格的机理[36]。

在研究方法上，研究碳价格传递机理、碳市场对企业创新影响多采用基于博弈的数理分析方法[37, 38]。还有一类研究是针对特定的机制和政策，采用多主体建模方法，从微观层面通过涌现效应分析碳市场对企业或行业的行为影响和交互作用[39]。此外，部分研究也尝试利用目标规划方法，分析碳排放强度目标分配方式以及碳交易试点的成本节约效应[40, 41]。

### （2）减排成本曲线

价格型手段和数量控制型手段的相对效率取决于成本和收益的非线性程度。如果成本相对于收益的非线性程度更高，那么价格型手段更有效率；相关如果收益相对于成本的非线性程度更高，那么数量型手段更有效率。因此，对减排成本曲线的合理估计是分析和评价市场机制的重要条件[42]。

从宏观层面或者区域层面研究减排成本多采用自上而下的模型，将减排成本定义为额外减排的宏观经济损失[43]。投入－产出技术以及基于投入－产出模型而发展的可计算一般均衡（CGE）模型，被广泛地应用于碳减排的成本问题[44-46]。从企业和行业层面研究行业减排成本曲线，多采用自下而上的方法[47]。一部分文献从工程学的角度，集中于技术革新的措施，估计减排成本曲线和节能潜力[48, 49]。Hasanbeigi 等[50] 比较了中国水泥企业和国际最好水平之间在能源使用方面的差异，并计算了中国 16 个水泥厂的平均技术节能潜力；Lei 等[48] 的结果显示，通过生产工艺替换和工艺内部的能源效率改善可以有效地降低水泥行业的 $CO_2$ 排放总量。

### （3）应对气候变化的国际减排机制

在应对气候变化的国际合作中，有些文献中在讨论各国不同减排政策的协调性。Matsumoto 和 Fukuda[51] 认为全球性的统一碳税税率给发展中国家带来沉重经济负担，而且这样的政策可能也违反了"共同但有区别的原则"，他们提出设计全球性不同碳税税率。Nordhaus[52] 力推价格型机制，并提出一种"协调碳税"机制。利用这一方法各国将会同意以碳价格或者碳税的形式对碳排放进行处罚。如果碳价格在参与国之间不相等，可以考虑采取征收碳关税或国境税。差异化的全球碳税设计尽管可以兼顾公平性，但是不可避免的会带来全球碳税收益分配障碍。

为弥补竞争力损失和降低碳泄漏，发达国家有学者在讨论对从发展中国家进口的商品征收碳关税的问题。作为边境碳调节税的一种，部分学者认为碳关税的合法性是值得商榷的。国内学者大部分都认为碳关税是一种新的贸易壁垒，碳关税征收不具有合法性。还有学者对碳关税实施后的经济环境影响进行了模拟分析[53, 54]。樊纲[55] 建议中国应先对出口品征收碳关税，使得这部分税收可以留在国内；张中祥[56] 则指出，中国应适时向世界预示何时对其温室气体排放总量进行控制，承诺控制排放应循序渐进，充分利用气候变化国际框架公约搭建的平台，有效应对碳关税。

## （三）低碳能源技术的评价、扩散与政策研究

### 1. 研究领域概述

由于人为温室气体排放的主要来源在于化石能源燃烧，因此低碳能源技术的发展是应对气候变化和发展低碳经济中十分重要的一环。尽管近两年风电等可再生能源技术发展较快，但多数低碳能源技术多处于示范和部署阶段，技术总体发展水平不成熟。从宏观层面看，低碳能源技术的发展与应对气候变化密切相关，因此在对这些技术进行评价和研究

时，需要将能源系统与气候系统，以及经济系统联系在一起，在气候综合模型中引入能源系统模型以考虑各种能源的消费、能源技术的进步与温室气体排放和经济系统之间的关系，这就是能源－环境－经济系统模型（E3 模型）。在微观层面，考虑到低碳能源技术属于新兴技术，投资存在很多的不确定性，如市场环境、能源使用成本、外界环境因素、能源需求及供给能力等，因此针对低碳能源技术的研究主要从两个层面展开：宏观层面，基于自顶向下和自底向上的建模方法，建立包含能源－环境－经济系统模型，研究在不同的排放约束和政策冲击下的低碳能源技术演化；微观层面，针对具体技术，建立技术投资评价模型，考察在不确定条件下的低碳能源技术投资评价。

### 2.研究现状及主要成果

#### （1）能源技术演化模型

相对而言，"自底向上"型模型可以较为细致地刻画不同的能源技术在未来的演化，较为适合在宏观层面研究低碳能源技术未来发展。MESSAGE 模型、MARKAL 模型、能源技术评估 ETA 模型（Model for Energy Technology Assessment，）以及长期能源替代规划 LEAP 模型，都是以能源生产、消费等过程中使用的技术为基础，运用工程方法对经济运行和能源消费所涉及的多种能源技术进行描述和仿真，适用于通过具体的技术路线选择来进行能源供需预测、技术潜力与成本分析等。

为更好地刻画宏观经济政策与能源政策的互动联系、能源消费行为对碳循环过程的扰动作用、温室效应的形成机理以及气候变化对能源系统和经济系统的反馈影响等问题。近年来在这方面有很好的研究进展。Duan 等[57]建立了 Logistic 驱动的考虑内生技术变化的能源、经济、环境综合模型 E3METL，在传统的自顶向下模型框架下引入新的机制以丰富模型的技术特征，使其更多地具有自底向上模型结构，以方便考察碳减排政策背景下的经济发展、能源技术扩散以及碳排放轨迹预测等问题。此外，姜克隽等[18]以 AIM 模型为基础，发展出了中国与全球温室气体排放情景分析模型（IPAC），并利用该模型对中国未来能源使用结构与温室气体排放情况进行了分析，同时还考察了中国减排所需付出的经济成本。

#### （2）能源技术内生变化及低碳能源技术投资评价

能源生产系统演化和温室气体排放造成的气候变化都将是长期复杂的过程，需要经历半个世纪甚至更长时间。在如此长的时间尺度上，能源技术变化潜力将是巨大的，忽视技术进步效应在能源技术发展中的作用可能造成严重误判。国际上已有大量研究发现减排政策除了影响经济变量外，还会影响能源的生产结构和能源技术的演化路径。特别随着技术内生变化在气候政策评估中的作用受到越来越广泛的重视，许多研究在能源－经济－环境系统建模中将技术变化内生化。

我国学者也开始关注低碳技术内生变化及投资策略对减排的影响。石敏俊和周晟吕[16]利用动态 CGE 模型模拟了能源利用能源效率提高和低碳技术发展的减排效果，以及对实现 2020 年碳强度减排目标的贡献。此外，Duan 等[58]引入生物种群演化模型，研究不同国家风电和光伏技术的竞争关系。在评价低碳能源技术投资方面，实物期权方法可以考虑市场环境、能源成本、外在环境因素、能源需求及供给等不确定性等，因此可以很好地评价新型低碳技术，包括风电、先进核电与 CCS 火电[59-62]。

### （四）低碳生产供应链

#### 1. 研究领域概述

从 20 世纪 90 年代起，许多学者对诸如逆向物流、绿色供应链、闭环供应链等问题进行了大量研究，试图将环境的影响加入到供应链的各个环节。低碳供应链更强调供应链的碳排放问题，将碳排放权作为企业生产活动的稀缺资源。目前，低碳供应链理论尚在探索中，低碳供应链仍没有一个学术界公认的定义。结合低碳和供应链的含义，低碳供应链可以定义为：将低碳、环保的意识融入整个供应链的构建与运行，并从原材料等资源的计划、采购、到产品的生产制造、物流配送、市场营销、交付使用和回收这一完整的运作过程中，综合考虑供应链中企业进行资源整合时对环境的影响。具体来讲，低碳供应链就是以核心企业为主导，以低碳节能减排技术为核心，对所有节点企业和环节进行整体优化设计，实现整个供应链的低能耗、低污染和低排放，最终实现供应链体系的经济效益最大化，资源配置最优化、社会福利最大化以及环境影响最小化。

#### 2. 研究现状及主要成果

从当前国内外关于低碳供应链的研究现状来看，主要成果包括以下 3 个方面。

##### （1）低碳供应链的评价

低碳供应链是一个复杂的系统，对其进行评价不仅要考虑传统供应链评价体系中的经济性方面，更要将碳排放、能耗以及与环境的相容程度作为重要评价方面。低碳供应评价就是通过设置合理的评价指标，采用相应的定性和定量方法，对低碳供应链一定时期内的运作效果做出公平、正确的评价，并根据结果做出维持或修改意见。国外学者主要集中在评价指标体系方面，从经济、环境、社会、能源、企业等方面构建低碳供应链指标体系。我国学者主要侧重于评价模型的研究，如应用层次分析法、数据包络分析法、模糊综合评价法、生命周期评价方法和投入产出分析方法对低碳供应链进行评价。

##### （2）"碳排放"的科学度量

在低碳供应链的研究中，由于与产品相关的碳排放贯穿于产品的整个生命周期内，散布在供应链的采购、生产、分销，包括终端消费等环节。因此，准确、有效的碳排放度量，及其在供应链上的分布能够帮助政府加强对于碳排放的监督和管理，同样也是企业改进管理的基础。当前，一个具有共识的指标即所谓的"碳足迹"。一些国际组织出台了针对供应链中碳足迹计算方法的准则，如英国标准协会、世界资源研究所、世界可持续发展工商理事会等。国外学者主要应用全生命周期评估方法来衡量碳足迹。我国学者主要运用过程分析法、投入产出法和全生命周期评估方法来计算碳足迹，并在这方面取得了比较重要的研究成果。

（3）低碳供应链的管理措施

低碳供应链由不同利益主体的成员组成，各自为实现自身利益最大化采取行动，是一个典型的复杂系统。要想提升整个供应链系统的竞争力，就必须采取一系列的措施。国际上对低碳供应链的管理措施研究，主要集中在两个方面：第一，颁布促进企业低碳供应链管理的法规；第二，发挥龙头企业的带头作用，如沃尔玛、通用汽车、耐克公司等在低碳供应链管理中起着重要的带头作用。我国学者主要在低碳导向性政策的出台、低碳供应链战略地位的确定、企业业务流程的重组、低碳激励机制的制定等方面提出了相应的措施。

总体而言，国内外学者侧重于对低碳供应链的评价、碳排放的度量和管理措施等方面的研究，而对低碳供应链的结构设计、成员协调、运作优化等理论研究较少，也很少提出在实践中可供操作的管理方案。国外在低碳供应链方面的研究不再是单纯的理论研究，出现了注重理论与实践相结合的趋势，越来越注重应用方面的研究。与国际相比，我国在理论研究与企业实践方面存在"脱节"现象，特别体现在处理决策者行为上。

## （五）全生命周期的能源（资源）评价与开发策略

### 1. 研究领域概述

能源资源（包括化石能源、非常规能源、可再生能源）生产过程是指从建设投产开始到报废为止的整个寿命期等各种活动，如勘探、钻井。能源资源的生产是一项需要大量投资的事业，整个过程中的各种工艺需要购置大量的设备以及需要进行大量的产能建设，是典型的技术密集型和资金密集型工程。同时，能源资源生产的风险很大，生产效果很大程度上取决于地质条件、自然环境条件、政策环境、市场经济环境等。另外，能源资源的生产时间比较长，一般持续十几年甚至是几十年，初期投资决策的正确与否对长期有着重要影响。这些因素都迫使我们高度重视能源资源生产过程评价的相关问题。

对能源资源生产评价的主要内容是经济评价，它是研究技术领域的经济问题、经济规律、技术进步与经济增长之间关系的科学。随着能源资源项目的时间特性凸显以及环境问题的出现，对能源资源生产的评价加入了对生产时间轴、生产过程碳排放量、投资成本变动等要素的考虑。可以说，当前的能源资源生产评价体现的是资源特性、市场经济、环境影响的综合研究领域。

总体上看，国内外的研究主要集中在经济评价某一要素的预测和实物期权法分析上。随着对能源资源生产过程考虑因素的增多和评价视角的转变，未来的研究热点将围绕经济效益视角的投资组合分析、能源视角的能源回报研究、环境视角的基于全生命周期的碳排放量测定。虽然这3个大的方面目前已有较多研究，但是将其应用于能源资源的生产评价中还需更加具体深入的工作。

### 2. 研究现状及主要成果

从当前国内外关于能源资源生产的评价研究现状来看，主要成果包括以下两个方面：

（1）传统经济评价方法中不同要素的预测

1）勘探开发投资预测。常用的投资预测方法包括线性与非线性回归法、趋势预测法、灰色预测法、系统动力学、DEA方法等。其中，由于能源资源投资的复杂性，DEA预测方法及其理论思想的应用较为普遍，尤其是针对石油勘探开发。如从石油储量价值出发，运用风险分析和数学规划方法建立模型，采用模拟软件进行多次优化计算，并不断进行实验设计，引入数学算法加快优化计算速度。

2）储量和产量预测。储量和产量预测方法一般都是根据已有的固定函数形式进行预测，或者根据能源资源生产过程中几个重要参数之间的关系展开分析。其中，预测储量和产量的固有模型包括龚波茨模型、指数递减模型、调和递减模型、双曲线模型、HCZ模型、Logistic模型等。

3）操作成本预测。现有操作成本预测方法大体可以分为两类：一类是根据操作成本历史数据，通过一定的数学模型进行预测，操作简单易行，但是这类方法单纯以历史数据变化趋势来反映操作成本变化规律，不考虑影响操作成本的技术因素，不能从根源上抓住其变化规律；另一类是选取成本动因，采用相关因素预测法进行分析。

（2）实物期权法

实物期权法作为对油气勘探项目进行战略经济评价的一种新方法，改变了过去人们对不确定性因素的看法，不再将不确定性因素作为消极的因素来看待，而是在研究如何利用不确定性因素来获得更大的收益。实物期权理论在油气勘探开发决策应用研究中得到了深入的探索，并得到了石油公司的广为关注，但是真正应用到评价中来还需要很长一段时间的研究和不断发展。回顾国内外的研究大体可以概括为3个方面：一是参数规律的研究；二是实现手段或模拟方法的研究；三是在油气勘探开发各阶段中的应用型研究。

## （六）智能电网与低碳能源优化配置

### 1. 研究领域概述

低碳能源系统是实现低碳经济的基础，其中电力占中枢位置。智能电网是实现低碳能源系统的基础平台。当前，世界范围内智能电网的研究与建设进程已经全面启动，许多国家都确立了智能电网的发展战略、建设目标及行动路线。美国的智能电网计划致力于在基础设施老化背景下，建设安全、可靠的现代化电网，并提高用电侧效率、降低用电成本；欧盟的超级智能电网计划以分布式电源和可再生能源的大规模利用为主要目标，同时注重能源效率的改善和提高；加拿大的建设重点是如何提升电网对大规模可再生能源的接入和传输能力；日本智能电网的核心是建设与太阳能发电大规模开发相适应的电网，解决国土面积狭小、能源资源短缺与社会经济发展的矛盾；韩国的智能电网研究重点放在智能绿色城市建设上；澳大利亚智能电网建设的目标是发展可再生能源和提高能量利用效率，集中在智能表计的实施及其相关的需求侧管理方面。

尽管世界各国对智能电网有不同的界定和理解，下面的定义具有普遍性：智能电网是以一个数字化信息网络系统将绿色能源和新能源开发、输送、存储、转换（发电）、输电、配电、供电、售电、服务以及储能与能源终端用户的各种电气设备和其他用能设施连接在一起，通过智能化控制实现电网的安全稳定运行、经济优化运行，为用户提供高效可靠的电力供应。

综合世界各地区智能电网的发展进程来看，研究热点有：①大规模可再生能源发电的接入技术及其与大规模储能联合运行技术；②大电网互联、远距离输电及其相关控制技术；③配电自动化和微网；④用户侧的智能表计及需求响应技术。国内外学者应用管理科学与工程的理论与方法开展的智能电网相关研究，也集中在上述领域。

**2. 研究现状及主要成果**

近年来，国内外学者运用管理科学与工程的理论与方法开展了大量有关电网低碳效益核算与评价、低碳能源系统优化、电网智能低碳调度、分布式发电与微网系统建模与优化、智能电网环境下的用户需求响应建模与优化等方面的应用，为推进智能电网在各国的建设、发展与应用提供了有力的智力支撑。由于中国对低碳能源发展紧迫的现实需求，加之中国在推进智能电网建设方面与美欧等发达国家是基本同步的，中国学者在智能电网中的管理科学问题上的研究与国际进展也是同步的，总体处于国际领先水平。

（1）智能电网的低碳效益评价

智能电网究竟有多大的低碳效益，这是一个评价智能电网对低碳经济贡献的基本科学问题。众多的研究表明，相对于传统电网，智能电网在电源优化综合能力（新能源发电接入与传统电厂增效）、电网增效综合能力、负荷整形综合能力、用户节能等方面具有明显的低碳效益。一些学者构建环境效益核算模型评估中国国家电网公司建设统一坚强智能电网的低碳效益，研究结果指出，到2020年智能电网预计会带来约15亿吨$CO_2$的减排效益。同时，如何评价智能电网的低碳水平及其在低碳经济发展中的能效，如何针对性地提高智能电网不同环节的低碳水平，也是智能电网低碳化发展过程中需要解决的关键问题。

（2）低碳电力规划

各种低碳要素的引入，包括低碳电力技术的运用、$CO_2$排放交易机制的开展以及$CO_2$减排约束目标的制定等，将对传统的电力规划在模式与内涵上产生深刻的影响。首先，对不同低碳技术的阶段性选择与运用程度决策，将成为规划模型中新的决策变量；不同低碳技术的运用将改变各电源品种在规划期内的发展优先级，从而改变最终的规划结果；智能电网环境下用户的节能潜力也应被视为资源纳入规划。其次，不同低碳技术与电源品种的结合往往会产生不同的技术成本与相应的减排效益，这些都将对模型的目标函数产生重要影响。最后，低碳技术的发展往往具有明显的阶段性与不确定性，这就需要在规划中考虑各类技术的成熟度、开发规模与实施阶段等约束条件。在碳约束的条件下，不同的学者构建了不同的规划模型研究中国的电力规划问题。也有学者提出在电力改革的背景下，电力规划的主体应由企业上升到国家层面，这样就有了把需求侧的节能资源纳入统一的电力规划的可能，在此基础上构建了包含需求侧节能资源的综合资源战略规划模型。

（3）智能低碳调度

智能电网中随着新能源接入、用户深度互动与参与（如用电激励、可中断负荷、电价响应等）等变化，传统的电力系统调度理论与方法亟需新的发展。首先，需要建立不同调度模型下电力系统碳排放的核算模型，便于分析不同调度模式下电力行业的排放轨迹。其次，要根据新要素的引入对调度优化的目标函数进行重新设计。最后，将启发式动态规划算法、遗传算法、粒子群算法等各类经典与新兴的优化算法应用于这类模型的求解，取得较好的效果。

（4）微网与分布式发电系统建模与优化

这一领域的研究目前有两个方向：一是运用运筹优化模型进行微网与分布式发电系统的优化配置，这一方向发展相对成熟，有良好的管理科学方法基础作为支撑；另一个新兴的方向是针对微网与分布式发电的多主体异质特性，运用自组织演化方法进行建模，通过模拟仿真的研究方法对微网与分布式发电系统的可行性与经济性进行研究。

（5）用户需求响应与智能管理

用户的深度参与是智能电网区别于传统电网的主要特征之一，也是智能电网实现低碳效益的主要途径之一。国内学者主要从用户特征挖掘、实时定价方法、智能需求管理系统等方面开展研究。有学者运用聚类算法、模糊综合评价等方法进行了中国用户用电特征的数据挖掘，取得了可喜成果。随着智能电表的推广应用，在线考虑电力供需信息的实时电价将成为可能，但国内外对此问题的探讨都处于起步阶段。由于中国在用户参与需求响应方面的开放度不够，中国学者在这一主题的研究还处于理论方法探讨阶段。哈佛大学与清华大学的联合团队研究了中国风力发电的潜力。研究发现在 0.516 元 / 千瓦·时的价格水平下，到 2030 年风电可满足全部的新增电力需求；而在 0.4 元 / 千瓦·时的价格水平下风电也可以替代约 23% 的煤电。他们的研究成果发表于 2009 年的 *Science* 杂志[63]。华北电力大学的团队在复杂电网电力负荷预测方法、中国碳排放计量模型及情景预测方法等方面取得了系列成果，一组论文发表于所在领域重要国际期刊，曾被 *Nature* 杂志网站和其专业期刊 *Nature Climate Change* 评论。

# 四、发展趋势

低碳经济的研究范围很广，既有长期的经济发展规律，又有短期的结构调整，既包含能源生产、加工、转换，又涉及经济系统内在的复杂联系。管理科学与工程的理论方法在低碳经济领域具有广泛的发展空间。目前来看，未来发展趋势主要集中在以下方面：

## （一）经济增长方式与低碳发展规划

### 1. 气候损失不确定条件下的综合评估模型

这方面的研究是持续的热点，未来发展的方向是更加强调不确定因素对中长期发展的影响。

**2. 碳减排的长期目标与短期策略与我国工业化、城市化发展进程的优化设计问题**

工业化和城镇化是我国当前发展阶段的两条主线，也是推高能源消费及温室气体排放的主要因素。对发展规律的认识和系统设计，需要理论上的支撑和国际国内实证经验的借鉴。特别是对成本、损失和收益的综合研究是决策的基础，也是研究的热点和难点。

**3. 低碳发展评价和规划**

对低碳经济的发展水平进行科学评价尚存在难度，国内外对于低碳经济的衡量和评价还没有形成系统的评价理论。例如，低碳生产系统、低碳消费、低碳能源系统、低碳园区等。评估方法的建立反映价值观和发展观，评价体系的应用具有很强的导向效应。对低碳经济的评价需要建立一套完成的指标体系和科学的评价方法系统。

**4. 低碳规划的实施路径**

低碳发展理论已经引起足够的重视，未来的发展方向是如何实施，如何通过技术和管理手段的优化降低转型的成本。

## （二）促进低碳发展的市场机制与政策设计

低碳发展背景下，政府正在经济领域发挥着前所未有的作用，无论是碳税、碳排放权交易，还是行业节能标准、绿色证书，都需要系统的研究和优化设计。这个领域目前国际上已经有大量的成果，但是如何与我国的现实背景结合，设计符合我国发展规律和现状的政策制度，既有现实需求又有理论难度。

**1. 混合减排机制研究**

由于排放交易体系不可能覆盖所有的行业，全社会减排必然是一个以碳排放交易体系为主、以税收或补贴为辅的混合机制。混合减排机制使得各地区能够通过排放配额在交易和非交易部门之间的策略分配获取不当收益，从而造成经济效率损失，这种策略行为是市场支配力在区域层面的体现。未来，一个具有现实意义的方向是关于混合减排机制的优化设计。

**2. 基于市场的减排机制对企业行为的影响**

无论是碳税还是碳排放交易，客观上都打破了原有的利益平衡和盈利水平，企业的投资行为和经营行为随之发生变化，由此引起市场竞争力的改变和新的平衡状态的形成。关于低碳发展条件下企业竞争行为的理论研究和针对我国现状的实证研究是近期的发展方向。

113

**3. 排放权交易机制设计与社会经济影响评估**

碳排放交易机制是低碳发展理念下的新生事物，国际经验也并不丰富。那么如何进行机制设计，如何处理企业和国家层面的市场支配力对市场化减排政策工具效率的影响，以实现低成本减排的目的，同时将其对社会经济的影响控制在可以接受的水平，是一个具体而现实的议题，也是理论与实践结合的热点。

**4. 低碳发展导向的生产系统变革**

由于低碳价值的导入，生产系统面临新的挑战，低碳供应链、低碳交通、低碳服务等带来了盈利模式的变化和新的竞争格局，这些都与政策导向密切相关。低碳导向下的企业竞争博弈、企业行为的模型刻画、低碳产业链的设计等是新兴的热点领域。

## （三）低碳能源技术的评价、扩散与政策研究

### 1. 自顶向下与自底向上模型结合的能源技术演化模型

在能源技术演化规律研究的基础上，R&D 投资和市场导向的政策工具在技术演化过程中发挥积极的作用。

### 2. 全球或区域 R&D 溢出对能源技术演化的影响

能源和气候变化领域的合作与竞争呈现新的特点，对能源新技术的扩散规律进行建模与技术管理机制的引入，是十分有意义的方向。

### 3. 考虑策略互动的不同新能源技术之间的不确定条件下的投资分析

低碳能源技术投资是新的热点，在这个过程中有很多新的因素需要考虑。

### 4. 促进低碳无碳能源技术发展的政策组合

政策在低碳发展中具有决定性的作用，同时政策也是有成本有代价的，因此，关于政策组合优化的研究是未来的重点。

## （四）低碳供应链

### 1. 低碳供应链的结构设计

不同国家和地区间存在明显的成本差异，这导致大量的货运发生在亚洲地区至北美、欧洲之间；即使在同一个国家，也存在选择中心城市附近，还是西部地区靠近原材料产地等。选择不同的供应链布局显然对碳排放量及其分布有着重大影响。因此，企业需要在满足市场快速、多变等特点的情况下，设计科学合理的供应链结构，实现企业在经济效益和

环境保护两方面的目标。

### 2. 低碳供应链上不同利益主体间的协调

一般而言，政府试图从全社会福利最大化的角度制定各种政策，但是，政府部门的介入进一步增加了供应链上不同利益主体间博弈的复杂性。因此，有必要系统分析关于低碳供应链中的多方博弈问题。相对于以追求各自局部利益为目标的非合作博弈而言，政府与企业、企业与企业之间的合作博弈无疑能提高整个供应链的绩效，并降低对环境的负面影响。

### 3. 低碳供应链运作策略优化

这方面内容很多，可以归纳为4个主要部分：①考虑顾客选择行为的低碳供应链运作策略优化。在一定的低碳环境下，考虑终端顾客的选择行为，求解不同的供应链结构下，供应链上成员的最优订货、定价等运作策略。②不同回收和再制造模式下，低碳供应链的运作策略优化。③引入碳交易市场的供应链运作策略优化。碳排放权将逐渐成为企业的一项重要资产，对企业的经营产生重要影响。针对不确定的市场需求，以及变化的碳交易市场，需要研究供应链上成员的最优运作策略，如最优订货、定价策略、碳交易策略、对冲策略等。④低碳供应链的能源供给与生产的运作策略优化。针对不确定的市场需求，以及变化的可再生能源供给，将供应链能源供给与生产运作联合起来优化，并根据产品需求变化的情况，优化在能源市场上的动态交易策略以及对企业间的竞争和博弈分析，并优化风险对冲策略。

## （五）全生命周期的能源（资源）评价与开发策略

### 1. 经济效益视角的投资组合分析

能源资源的生产存在很多不确定因素，如地质认识、工程技术、商业经济环境等，其中以地质认识或能源来源认识最为关键。在确定生产目标或者投资目标时，如果基于一定认识基础进行单一投资，那么单个生产目标的失败则会造成整个投资沉没。但如果根据公司年度勘探部署或中长期勘探战略，从有效的目标群中优选勘探投资组合就能有效地分散风险。未来将投资组合理论应用于油气行业中采用的主要方法会有：①构建圈闭或项目评价储备库，实现动态追踪分析。②基于投资策略进行无偏投资组合分析，如基于商业成功率计算不同圈闭组合成功情况下的个数均值与资源量均值。③基于贝叶斯网络进行有偏投资组合分析，如网络节点表示不同的圈闭、网络有向边代表不同圈闭开发成功对下一圈闭有直接影响、通过不确定性推理获取最佳收益的圈闭组合。

### 2. 能源量视角的能源回报分析

大部分能源资源生产评价均以经济效益为核心考察现金流情况，但这已不能很好地评价自然资源开采的真正价值。由此，国外研究者正在广泛研究基于能量流的评价方法——能源回报（Energy Return on Investment，EROI）。EROI是指在某一能源生产过程中能源产出与相同边界下由于生产造成的能源消耗量的比值，并以能量为衡量单位（如焦耳、Btu、卡路里）。EROI方法进行评价的未来发展趋势集中于：①测算我国非常规能源和可再生能源的EROI值，目前该方面尚属空白；②将碳排放量加入到EROI计算中，以便取得更加全面的EROI值，更加贴近生产实际；③取得更为准确的货币量背后的隐含能，建立能源型的投入产出模型是解决这一问题的出发点，不仅能够提供多部门的能源产出消耗之间的关系，而且直接以焦耳量的形式表现出来便于计算；④模拟技术进步、能源效率等在EROI测算中所起到的作用。

### 3. 环境视角的全生命周期（LCA）环境影响分析

目前，LCA技术已经被广泛应用于环境影响评估方法，该方法根据不同领域或范畴在研究中会存在较大差异。在能源资源生产领域的未来发展趋势集中于：①能源消耗量的测定涵盖原料制取、运输、燃料制取和运输4个阶段；②能源生产过程中的温室气体排放量测定，用于评价能源生产所造成的环境污染等问题；③与土地和水资源分析技术结合，或与物质流和元素流分析相结合，分析产品中某种物质或元素的全生命周期利用效率；④将自下而上的LCA分析技术与Monte Carlo模拟技术相结合，构建基于不确定性分析的自下而上的LCA分析技术。

## （六）智能电网与低碳能源优化配置

### 1. 智能电网的网络拓扑结构与其演化特征研究

未来的智能电网到底是什么样的结构，网络中的不同要素应如何协调？随着智能电网建设与运用进程的推进，对这一科学问题必须有明确的回答。未来的研究发展趋势有：运用自组织演化、协同理论研究、解析智能电网的网络拓扑结构；运用复杂系统建模与仿真的理论方法模拟智能电网中多主体的行为协调与协同优化等。

### 2. 智能电网的低碳测度及其评价

如何评价智能电网未来不同发展阶段的低碳绩效？未来的研究发展趋势有：科学界定智能电网实现"低碳化"的边界条件、作用机理和基本要素；确定智能电网低碳减碳的比较基准、关键变量和量化参数；智能电网综合经济社会效益分析及其评价等。

### 3. 不确定条件下的中长期电力规划理论与方法

随着智能电网的深化应用，进行中长期电力规划时，无论是在供应侧还是需求侧，都将面临着技术未知或不确定性对规划可选技术集的影响、电力发展政策的不确定性对可选技术经济性的影响。在这一主题下，未来的研究发展趋势有：能源发展政策与能源电力技术创新及其发展路径的互动机理研究；非确定性电力规划理论与方法研究等。

### 4. 智能电网中的智能数据管理研究

随着不同规模、不同技术的新能源机组和日新月异的需求侧技术应用于电力系统，智能电网将变成由海量的异质主体构成的超级复杂网络。未来的研究发展趋势有：基于大数据平台的实时数据挖掘技术研究；支持智能电网实时优化的运行控制系统研究；智能需求管理系统与平台研究等。

### 5. 智能电网中的实时定价理论与方法研究

智能电网最终要通过实时定价机制来优化配置资源，实现低碳发展。当前，对这一关键科学问题的研究还处于非常原始的阶段，管理科学工程的理论与方法对这一领域的贡献不可估量。在这一主题下，未来的研究发展趋势有：智能电网中各类异质主体的行为模式研究；供需实时互动环境下的实时电价理论与方法研究；接近真实智能电网平台中的实时定价机制仿真研究。

### 6. 能源转换和能源系统优化问题

随着智能电网理论的发展，能源转化和能源系统内部的巨大节能减排潜力凸显出来。除技术攻关之外，电力系统的效率、安全、清洁、低碳的设计和调度问题给管理科学理论提出了新的课题。相应的政策、机制和市场的改革和配套都需要研究。

总之，低碳经济是新的发展理念，低碳发展管理是新的领域。随着低碳经济给我们生产和生活的多个方面带来的挑战和发展机遇，管理科学与工程的各个分支也面临着新的课题。近年来，国际上低碳发展管理方兴未艾，一些新的进展应该引起重视；国内在低碳发展管理领域取得了可喜的进展，研究队伍不断扩大。展望未来，无论在国际机制还是在国内发展的层面，管理科学工作者都将大有可为。

# 参 考 文 献

［1］IPCC. Climate change 2007：Synthesis report–Summary for policy makers［R］. New York：Cambridge University Press，2007.

［2］Shimada K，Tanaka Y，Gomi K，et al. Developing a Long–term Local Society Design Methodology Towards a Low–carbon Economy：An Application to Shiga Prefecture in Japan［J］. Energy Policy，2007，35（9）：4688–4703.

［3］Dagoumas A S，Barker T S. Pathways to a low–carbon economy for the UK with the macro–econometric E3MG model［J］. Energy Policy，2010，38（6）：3067–3077.

［4］British Petroleum（BP）. BP Statistical Review of World Energy 2013［R］. London：British Petroleum，2013.

［5］范英，崔连标，刘明磊. 中国的低碳发展路径与社会行动［J］. 2013 高技术发展报告，2013：272–283.

［6］Fan Y，Xia Y. Exploring energy consumption and demand in China［J］. Energy，2012，40：23–30.

［7］Xia Y，Fan Y，Wu J. Analysis of low–carbon production chains towards China's $CO_2$ emission reduction targets for

2020［J］. Singapore Economic Review, 2013, 58（3）: 1–18.

［8］陈跃，王文涛，范英. 区域低碳经济发展评价研究综述［J］. 中国人口资源与环境，2013. 23（4）: 124–130.

［9］成思危. 新能源与低碳经济［J］. 管理评论，2010,（6）: 4–8.

［10］Davidson E A, Janssens I A. Temperature sensitivity of soil carbon decomposition and feedbacks to climate change［J］. Nature, 2006, 440（7081）: 165–173.

［11］Kintisch E. U.S. Carbon plan relies on uncertain capture technology［J］. Science, 2013, 341（6153）: 1438–1439.

［12］den Elzen M G J, Hohne N. Reductions of greenhouses gas emissions in annex I countries and non–annex I countries for meeting concentration stabilization targets［J］. Climate Change, 2008, 91: 249–274.

［13］Fischer C, Fox A K. Comparing policies to combat emissions leakage: Border carbon adjustments versus rebates［J］. Journal of Environmental Economics and Management, 2012, 64（2）: 199–216.

［14］陈文颖，高鹏飞，何建坤. 二氧化碳减排对中国未来 GDP 增长的影响［J］. 清华大学学报（自然科学版），2004, 44（6）: 744–747.

［15］庞军，邹骥. 可计算一般均衡（CGE）模型与环境政策分析［J］. 中国人口、资源与环境，2005, 15（1）: 56–60.

［16］石敏俊，周晟吕. 低碳技术发展对中国实现减排目标的作用［J］. 管理评论，2010, 22（6）: 48–53.

［17］毕清华，范英，蔡圣华，等. 基于 CDECGE 模型的中国能源需求情景分析［J］. 中国人口资源与环境，2013, 23（1）: 41–48.

［18］姜克隽，胡秀莲，庄幸，等. 中国 2050 年的能源需求与 $CO_2$ 排放情景［J］. 气候变化研究进展，2008, 4（5）: 296–302.

［19］Zhu L, Zhang X B, Fan Y. A non–linear model for estimating the cost of achieving emission reduction targets: the case of the US, China and India［J］. Journal of System Science and System Engineering, 2012, 21（3）: 297–315.

［20］牛海鹏，朱松，尹训国，等. 经济结构、经济发展与污染物排放之间关系的实证研究［J］. 中国软科学，2012,（4）: 160–166.

［21］张毅，夏炎. 工业化过程中碳排放消费建设比演变规律研究［J］. 中国管理科学. 2012, 20（2）: 177–184.

［22］Du L, Wei C, Cai S. Economic development and carbon dioxide emissions in China: Provincial panel data analysis［J］. China Economic Review, 2012. 23: 371–384.

［23］刘明磊，范英，朱磊. 我国省级碳排放绩效评价及边际减排成本估计: 基于非参数距离函数方法［J］. 中国软科学，2011, 3: 106–114.

［24］Guo X D, Zhu L, Fan Y, et al. Evaluation of potential reductions in carbon emissions in Chinese provinces based on environmental DEA［J］. Energy Policy, 2011, 39（5）: 2352–2360.

［25］Wang Y S, Xie B C, Shang L F, et al. Measures to improve the performance of China's thermal power industry in view of cost efficiency［J］. Applied Energy, 2013. 112: 1078–1086.

［26］Zhou P, Ang B W, Han J Y. Total factor carbon emission performance: A Malmquist index analysis［J］. Energy Economics, 2010,（32）: 194–201.

［27］Jia J, Fan Y, Guo X. The low carbon development（LCD）levels' evaluation of the world's 47 countries（areas）by combining the FAHP with the TOPSIS method［J］. Expert Systems with Applications, 2012, 39（7）: 6628–6640.

［28］蔡立亚，郭剑锋，姬强. 基于 G8 与 BRIC 的新能源及可再生能源发电绩效动态评价［J］. 资源科学，2013, 35（2）: 250–260.

［29］蔡圣华，牟敦国，方梦祥. 二氧化碳减排目标下我国产业结构优化驱动力研究［J］. 中国管理科学，2011, 19（4）: 167–173.

［30］Coase R. The problem of social cost［J］. The Journal of Law and Economics, 1960, 3（October）: 1–44.

［31］ Montgomery D W. Markets in licenses and efficient pollution control programs ［J］. Journal of Economic Theory, 1972, 53: 95–418.

［32］ Sijm J, Neuhoff K, ChenY. $CO_2$ cost pass–through and windfall profits in the power sector ［J］. Climate Policy, 2006, 6: 49–72.

［33］ 莫建雷, 朱磊, 范英. 碳市场价格稳定机制探索及对中国碳市场建设的建议 ［J］. 气候变化研究进展, 2013. 9（5）: 368–375.

［34］ Abadie L M, Chamorro J M. European $CO_2$ prices and carbon capture investments ［J］. Energy Economics, 2008, 30(6): 2992–3015.

［35］ Mo J L, Zhu L, Fan Y. The impact of the EU ETS on the corporate value of European electricity corporations ［J］. Energy, 2012, 45(1): 3–11.

［36］ Sijm J, Chen Y, Hobbs B F. The impact of power market structure on $CO_2$ cost pass–through to electricity prices under quantity competition–A theoretical approach ［J］. Energy Economics, 2011, 10(2): 1–10.

［37］ 李长胜, 范英, 朱磊. 基于两阶段博弈模型的钢铁行业碳强度减排机制研究 ［J］. 中国管理科学, 2012a, 20（2）: 93–101.

［38］ 李长胜, 范英, 朱磊. 外生减排目标约束下的排放税及其返还机制设计 ［J］. 系统工程, 2012b, （9）: 82–86.

［39］ Chappin E J L, Dijkema G P J. On the impact of $CO_2$ emission–trading on power generation emissions ［J］. Technological Forecasting & Social Change, 2009, 76(3): 358–370.

［40］ 李陶, 陈林菊, 范英. 基于非线性规划的我国省区碳强度减排配额研究 ［J］. 管理评论, 2010, 21（6）: 54–60.

［41］ 崔连标, 范英, 朱磊等. 碳排放交易对实现我国"十二五"减排目标的成本节约效应研究 ［J］. 中国管理科学, 2013, 21（1）: 37–46.

［42］ 范英（主编）. 温室气体减排的成本、路径与政策研究 ［M］. 北京: 科学出版社, 2011.

［43］ 范英, 张晓兵, 朱磊. 基于多目标规划的中国二氧化碳减排的宏观经济成本估计 ［J］. 气候变化研究进展, 2010, 6（2）: 130–135.

［44］ 夏炎, 范英. 基于减排成本曲线演化的碳减排策略研究 ［J］. 中国软科学, 2012.（3）: 12–22.

［45］ 何建武, 李善同. 二氧化碳减排与区域经济发展 ［J］. 管理评论, 2010. 11（6）: 9–16.

［46］ 王灿, 陈吉宁, 邹骥. 基于CGE模型的 $CO_2$ 减排对中国经济的影响 ［J］. 清华大学学报（自然科学版）, 2005, 45（12）: 1621–1624.

［47］ Xu J H, Fleiter T, Eichhammer W, et al. Energy consumption and $CO_2$ emissions in China's cement industry: A perspective from LMDI decomposition analysis ［J］. Energy Policy, 2012. 50(11): 821–832.

［48］ Lei Y, Zhang Q, Nielsen C, et al. An inventory of primary air pollutants and $CO_2$ emissions from cement production in China, 1990–2020 ［J］. Atmospheric Environment, 2011, 45: 147–154.

［49］ 许金华, 范英. 中国水泥行业节能潜力和 $CO_2$ 减排潜力分析 ［J］. 气候变化研究进展, 2013, 9（5）: 341–349.

［50］ Hasanbeigi A, Menke C, Therdyothin A. The use of conservation supply curve in energy policy and economic analysis: The case study of Thai cement industry ［J］. Energy Policy, 2010, 38: 392–405.

［51］ Matsumoto K, Fukuda T. Environmental and economic analyses of the carbon tax based on the imputed price using applied general equilibrium model: Taxation on the upper industrial sectors ［J］. Environmental Economics and Policy Studies, 2006, 8(1): 89–102.

［52］ Nordhaus W D. To tax or not to tax: Alternative approaches to slowing global warming ［J］. Review of Environmental Economics and Policy, 2007, 1(1): 26–44.

［53］ Bao Q, Tang L, Zhang Z X, et al. Impacts of border carbon adjustments on China's sectoral emissions: Simulations with a dynamic computable general equilibrium model ［J］. China Economic Review, 2013, 24: 77–94.

［54］ 崔连标, 朱磊, 范英. 碳关税背景下中国主动减排策略可行性分析 ［J］. 管理科学, 2012, 26（1）: 101–111.

［55］ 樊纲. 不如我们自己先征碳关税［J］. 资源再生，2009，9：40-41.

［56］ 张中祥. 美国拟征收碳关税中国当如何应对［J］. 国际石油经济，2009，8：44-45.

［57］ Duan H B, Fan Y, Zhu L. What's the most cost-effective policy of $CO_2$ targeted reduction：An application of aggregated economic technological model with CCS?［J］. Applied Energy, 2013a, 112：866-875.

［58］ Duan H B, Zhu L, Fan Y. A cross-country study on the relationship between diffusion of wind and photovoltaic solar technology［J］. Technological Forecasting & Social Change, 2013b, in press.

［59］ 朱磊，范英，张晓兵. 基于期权博弈的中国风电投资分析［J］. 数理统计与管理，2010，29（2）：328-335.

［60］ Zhu L, Fan Y. A real options based CCS investment evaluation model：case study of China's power generation sector ［J］. Applied Energy. 2011, 88(12)：4320-4333.

［61］ Zhu L, Fan Y. Modelling the investment in Carbon Capture Retrofits of pulverized coal-fired plants［J］. Energy, 2013, 57(8)：66-75.

［62］ Zhu L. A simulation based real options approach for the investment evaluation of nuclear power［J］. Computers and Industrial Engineering, 2012, 63(3)：585-593.

［63］ EcElroy M B, Lu X, Nielsen C P, et al. Potential for wind-generated electricity in China［J］. Science, 2009, 325(5946)：1378-1380.

撰稿人：范　英　朱　磊　刘明磊　张兴平　冯连勇

　　　　段宏波　袁家海　张金良　胡　燕　崔连标

# 项目管理发展研究

## 一、引言

项目管理（Project Management）作为管理科学的重要分支，其科学地位已经得到国内外管理界的普遍认同。国际项目管理学界认为，项目管理就是以网络计划技术即华罗庚先生称之为统筹法的基础上逐步发展起来的。

随着科学技术的迅猛发展，全球经济一体化进程的加快，市场环境瞬息万变，竞争日益激烈，项目管理处理的问题的规模越来越大，复杂程度越来越高，目标也越来越多元化。由单纯的对物，发展到对人，由时间管理发展到质量、成本、利润的管理，甚至发展到多方利益相关者的满意度管理。随着这种进程的加速，人们发现华罗庚先生提出的"统筹兼顾突出重点"的统筹思想，越来越成为项目管理的核心指导思想，规模越大，越复杂，相关利益方也来越多，则越需要统筹思想的指导。

另一方面，项目管理的方法也日益扩展呈现出多元化的趋势，由原来的关键路线法、计划评审技术，到现在的关键链法、设计结构矩阵法，以至计算机仿真法甚至行为科学中的激励理论、责任矩阵，财务中的净现值法、系统科学中的绘图法、模拟化法等，都成为项目管理的得力工具和有用方法。不但项目管理法方法呈现多元化而且项目管理研究问题的角度也呈现出多元化，如原来仅仅由时间视角，发展到现在的利益视角，领导视角，系统视角，利益相关者视角，交易成本视角，商业视角等。这充分说明历经数十年的发展，项目管理学科的内涵与外延日益丰富，学科定位日益明晰，学科地位已经确立。

项目管理成长为一门学科的标志性事件是美国项目管理学会（PMI）发布的项目管理知识体系（Project Management Body of Knowledge，PMBOK）。我国项目管理学界的一件大事，就是在 2006 年结合我国的具体国情发布的项目管理知识体系（C-PMBOK2006）。该体系继承了我国计划经济时代所执行的项目的前期论证的成果，加强了项目概念阶段的内容，适应了项目管理重心前移的发展要求。

在实践中，我国项目管理也取得了重大成果。由于我国大型工程项目的急剧增加，重大工程项目管理的成果尤为突出。如三峡水利枢纽工程、二滩水电站、神舟飞船项目等，都采用了项目管理这一有效手段，取得了良好的效果。尤其是神舟项目管理还取得了理论上的进展。该项目建立的成熟度模型拓展了项目管理成熟度的内涵，引入了"关键领域"的概念，从组织、过程、方法、人员、文化等领域，多方位地反映了项目管理成熟度等。另外，项目管理作为一门学科，职业化教育，尤其是高等教育近年有了迅速的发展，充分体现了这门学科的生命力。

## 二、近年来学科研究热点

近年来，对重大工程项目和复杂的工程设计项目的研究越来越成为人们关注的热点。随着科技的发展，重大工程项目越来越多，重大工程的最大特点是工期长、费用高，而重大工程项目管理的特点则是延迟工期多、超预算资金多。其原因是在重大工程建设项目中，还原理论的因果分析方法往往不适用，因此造成重大误差。为了控制工期和成本，人们开展了对"隐性工序"的研究，通过考虑各种人文因素的仿真，找出设计之初丢掉的时间——隐性工序的工期；另一个新方向是人们开始研究项目管理中的奇异现象，如"机动时间会越用越多"等，从源头上弄清工期误差产生的原因；此外，对那些研究重大项目的工期和成本控制有重大作用的老方法，如关键链法、矩阵法仍然是研究的热点。为了提高项目管理的效率，项目集成管理形成了新的研究热点，项目管理平台的研究也越来越引起人们的重视。

### （一）项目隐性工作及项目组织仿真

近年来，在全球范围内数十亿美元以上复杂项目不断涌现。在国内，"八五"和"九五"期间，我国投资超 50 亿元人民币的大型基础设施建设工程共 35 个；而"十五"和"十一五"期间，开工的此类工程数量分别为 75 个和 93 个；预计，"十二五"期间将超 120 个。总体上，复杂项目数量日益增多，规模日趋庞大，复杂性急剧增加[1]。

大型复杂项目普遍存在工期延误和超投资现象[2]，近几年人们开始从"隐性工序"的角度，研究现有项目计划技术中"丢掉的工作量"，以及这种现象的产生的原因和纠正的途径，从而促进了复杂科学、项目管理、组织工程学的交叉和统一。

#### 1. 复杂项目赶进度现象严重

超进度不仅包括工期延误，还包括赶进度和超工作量。研究指出，大型复杂项目普遍存在工期延误或超投资现象。86% 复杂项目存在工期延误，平均延误期为 2 年，占计划工期的 39%，只有 14% 的项目能顺利在计划工期和预算内成功交付。在复杂工程设计领域，有经验的项目经理将"进度摆动"默认为"正常现象"，一般工程产品设计平均开发时间是原计划时间的 225%，标准差为 85%[3]。

在中国，复杂项目往往是标志性项目，会面临来自投资方、项目运营方、社会公众、媒体、政府和管理者名誉等诸多压力。项目中后期，进度往往成为项目目标控制的最大挑战。而影响复杂项目进度控制的因素是复杂的、动态的、不确定的，甚至超出了项目范畴。不可预见的随机因素、进度赶工瓶颈、巨大的组织和协调工作量等都会造成复杂项目进度目标的失败。

**2. 复杂项目超进度的一个重要原因**

面对日益激烈的竞争，项目管理者通常会借助"快速工程"或"并行工程"使设计、采购、建造等阶段重叠在一起以缩短工期。然而，许多项目管理者发现采用这种方法真正所能节省的时间远远低于预期，且往往会导致质量问题。原因在于，把高度相互依赖的工作重叠在一起，会使项目产生巨大的、意料之外的协调、返工和等待等工作。这些工作具有隐蔽性、衍生性和随机性等特点，是为完成显性的生产技术等直接工作而动态涌现的隐性工作。

隐性工作的工作量及影响往往被项目管理者所低估，尤其是在规划设计阶段。现有项目计划工具的局限性及项目管理者的乐观主义偏好进一步强化了这种低估程度，使得复杂项目的管理者们制定过于乐观的项目目标、不切实际的项目进度计划、不合理的资源配置计划（尤其是组织和人员配置的不合理），进而造成大量工作积压和等待，并可能造成次优决策、工作失误、争吵、变更、返工。

"隐性工作"是每个项目的组成部分，但随着项目复杂性的增加，其在项目中的比重会呈指数增长。低估"隐性工作"可能会引发更多的返工、协调 和等待，最终导致复杂项目超进度或赶进度。

**3. "隐性工作"涌现的原因分析**

信息处理模型将组织视为一个"异常"处理机器。在项目中，当工作人员因个人因素（如行为、技能、经验等）、组织约束（如组织结构、知识分布、协调策略等）或任务本身不确定（如信息不足等）而未能胜任任务时，会产生"异常"，涌现协调需求；当协调需求得不到及时响应，就可能导致等待；或使"异常"同时在组织网络和任务网络内扩散，直至被某个工作人员有效解决或忽略；有效地解决"异常"可能需要返工，忽略"异常"会造成潜在质量问题，并可能引发更多异常。

因此，当项目组织与项目任务之间不匹配时，就会涌现出"隐性工作"。根据复杂适应性理论，复杂性源自于主体的适应性行为。在大型复杂项目中，个人的行为、技能、经验，组织的结构、知识分布、协调策略等软性因素是影响"隐性工作"涌现的核心微观要素。

**4. "隐性工作"识别和预测技术难处**

传统的项目计划技术（甘特图、CPM、PERT、IDEF）有助于描述任务和基于时间的信息流，但却难以研究任务间相互依赖、返工、协调和等待等活动。尽管存在大量基于关键路径法（CPM）和计划评审技术（PERT）等原理的扩展研究，如用蒙特卡洛抽样获取随机任务工期，用图示评价和回归技术（GERT）表示路由和反馈循环，用数学性程序和启发式方法分析资源约束项目规划问题（RCPSP）和随机性 RCPSP 及各种 RCPSP 扩展，但这些严谨的数理模型困扰于过多交互变量引发的 NP–难的问题，因而无法克服其在分析"隐性工作"方面的局限性：忽视影响工作效率和项目质量的行为、技能、经验、组织结构、知识分布、协调策略、文化等社会性因素，从而无法用定量的方式精确界定协调、返工、等待等工作，而正是这些"隐性工作"在大型复杂项目中占用了大量的时间和精力，对实现目标，尤其是进度目标至关重要。现有聚焦于 RCPSP 的项目调度仿真研究，致力于解决 NP–难的问题，同样忽视了这些社会性因素。

### 5. 基于主体仿真技术可模拟"隐性工作"涌现

复杂项目宏观绩效涌现于微观要素的交互，既超越了传统还原论的因果分析法，也超越了经典数理模型的可计算范围。前者正好可以解释为何存在许多有关复杂项目关键成功因素的研究成果，但却很少被实践领域所应用的现象；后者也可以解释为何基于 RCPSP 等扩展模型已非常复杂和强大，但复杂项目实践中却采用较为简单的里程碑计划（Milestone Planning）方法，从总体上加以协调和控制。

基于主体的仿真技术已成为复杂性系统，尤其是复杂适应性系统的重要建模工具，它可以构建具有微观行为（或规则）的主体并使其自主交互涌现出宏观模式。来自组织理论和行为理论领域的一些专家开始重视基于主体的仿真技术，致力于构建具有微观行为的主体仿真模型，试图弥补传统因果分析造成的宏观组织理论和微观行为理论之间的鸿沟，并修正、完善和拓展已有的组织和行为理论[4, 5]。这一组织工程和计算组织理论领域的成果，尤其是关于行为、技能、经验、文化、组织结构、管理策略等方面的最新建模研究，有助于构建复杂项目的"隐性工作"涌现模型。

### 6. "隐性工作"从理论研究走向管理实践

过去几十年里，工业工程理论依托基于离散事件的流程仿真技术和工具，在生产制造等实践领域取得了巨大进展。但流程仿真适用于流程动态性低、行为可预测性高的领域。在项目管理领域，尤其是复杂项目实践，流程面临着难以界定和量化个体行为和组织的巨大挑战。为此，来自项目管理、组织理论和计算机领域的一些前沿科学家开始采用 Agent 建模技术，研究个人和组织行为的建模和模拟，研发能真正适用于项目管理实践的模拟平台，从而涌现出了"项目组织建模与仿真"这一全新的研究领域和管理实践。

目前，ProjectSim 是项目组织建模与仿真领域，唯一能模拟中国情境下工作行为的商业级仿真平台，可用于项目建模、设计、仿真和优化工具，能够整合流程和组织两个视角来模拟项目。与传统方法不同，ProjectSim 通过对工作、团队行为和各种能力（沟通、决策、技能和经验）进行建模，能精确预测项目协调和质量问题可能出现的方式、地点和原因，识别项目的潜在风险和关键的失败点。并提供详细的分析，输出丰富的结果，有效地识别与特定任务、项目、人员和团队相关的多种绩效指标，包括工期、成本、工作积压和质量风险等。使得管理者能像工程师设计建筑结构一样来设计项目：通过设计和分析一个虚拟电脑模型，在了解组织能力和瓶颈的基础上对项目进行优化。ProjectSim 在国内已成功应用于上海世博会工程建设等复杂项目的组织与流程设计，并取得显著成效；同时也被清华大学和同济大学等知名高校应用于教学和科研。

项目"隐性工作"研究有助于弥补现有项目管理理论和技术难以测量项目，尤其是复杂项目中"隐性工作"的不足，缓解数理性项目调度模型与实证性项目组织和行为研究之间的割裂，可促进项目组织与流程设计的定量化研究。将复杂性科学和计算组织理论应用于项目管理领域，丰富和发展了复杂项目管理理论，拓宽了计算组织理论的研究视野，并促进复杂性科学、项目管理理论、组织工程学科的交叉研究。

项目组织与流程的建模与仿真技术可以发现被现有项目计划技术所"丢失"的工作量，从而可以帮助管理者预测"隐性工作"在整个项目中的分布，指导管理者开发具体、可操作的干预措施，优化任务网络结构、进度计划和组织资源配置，消除潜在的瓶颈和风险，尽可能地消解返工、协调和等待，帮助实现项目目标，提升项目管理效率和效能。

## （二）项目管理中的奇异现象

历史上对奇异现象（悖论）的研究，往往是催生新的原创性理论的温床。对项目管理中奇异现象的研究同样如此，并且这些现象就广泛地存在于我们的生产和生活中，但它对于多数人来说还是认知的盲区，特别是对于处于生产第一线的人员来说，他们是直接接触并应对这些奇异现象的人，但当前他们多数对奇异现象的了解和认识还处在朦胧状态。可见，对项目管理中的奇异现象进行研究，能够显著提高经济效益，避免和减少资源和资金浪费。

### 1. 国内外研究现状

所谓重大工程项目或者复杂项目，不仅仅是规模大，更重要的是各工序间的关系更复杂，普遍存在协调、等待、反馈、重复、迭代等关系，反映到时间约束上看，就不仅仅是结束－开始一种时间约束，而是有多种时间约束，如结束－结束、开始－开始、开始－结束，而且不但有最小时间约束，还会有最大时间约束等。因此经典的 CPM 网络计划需要拓广为带有一般优先关系的网络计划，即 GPRs（Generalized Precedence Relations）网络。国际上，Wiest 早在 1981 年就发现了在工程项目中，当工序之间存在多种优先关系时，会产生一些奇异现象。Elmaghraby 和 Kamburowskip[6] 在研究项目管理中受各种优先关系限制的工序时发现，关键工序中除了正关键工序，还存在反关键工序和伪关键工序，这在两类工序上会发生奇异现象。正关键工序，其工期延长，总工期也随之延长，反之亦然；而反关键工序则背道相驰，其工期延长，总工期不但不延长，范围缩短，反之亦然；伪关键工序，其工期无论延长还是缩短，总工期都不改变，因此，虽然按传统的计算和判定方法认为它是关键工序，但是它却不具备关键工序的功能。这些奇异现象的发现对现有的项目调度方法造成了巨大的冲击。Elmaghraby 和 Kamburowski 采用限制工序调整方式来避免奇异现象的发生，规定只能调整工序的开始时间或结束时间，但不能改变工序的工期。另外，一些学者研究了对于可能产生奇异现象的项目，如何在应用中将其简化和量化[7]；还有一些有学者对这些奇异现象下的项目调度问题进行了研究，设计了新的优化方法[8, 9]。这些研究大大促进了计划管理水平的提高。但是当前国际上对这些问题的研究基本上都集中于对求解算法的开发和改进上，缺少对这些奇异现象的机理的研究，并且也很少探索在其他领域中是否也存在类似的奇异现象。

另外，当前在美国，重复性项目建设的研究得到了大力的支持和发展，获得了多项美国自然科学基金资助。人们在重复性项目建设中也发现了很多奇异现象。Harmlink 和 Rowings，Harris 和 Ioannou，Kallantzis 等针对重复性项目中的关键路线，提出了不同的方法，并且相互之间存在着矛盾，从而发现项目总工期不等于关键路线上各关键工序的工期之和。Harmelink，Lucko 和 Orozco[10, 11] 等发现，如果按常规的方法计算机动时间，则某些非关键工序的机动时间等于零，从而提出了一些新的时差概念，如"效率时差（rate float）""位势时差（potential float）"等，用以缓解这一矛盾。Harris 和 Ioannou 发现在重复性项目建设中，也存在着反关键工序，某些关键工序的工期延长，总工期反而会缩短，反之亦然；其他研究者遇到这一问题时，普遍采用了回避的方法。

我国是世界上重大工程项目建设最多的国家，例如，我国的高铁总长度世界第一，高速公路的总长度世界第二，工程的优化对于节约社会资源具有重大意义。因此，我国更加重视重大工程项目建设的发展，迫切需要提高其管理水平。我国学者近几年对加强了对项目管理中奇异现象的研究。乞建勋[12, 13] 等对工程项目管理中的奇异现象进行了研究，重点针对非关键工序及其机动时间，发现了更多有悖常识的奇异现象，例如：①某工序的机动时间是 5 天，如果将它的工期延长 2 天，则该工序的机动时间不是变成 3 天，而是变成 7 天，即工序的机动时间会越用越多；②某工序的机动时间是 5 天，当该工序的工期缩短 2 天，其机动时间不是变成 7 天，而是变成 3 天，即工序的机动时间越节省约少；③某些工序的机动时间，无论该工序的工期变长还是变短，某机动时间值总是保持不变，即工序的机动时间用了不会减少，节省了也不会增加等。张立辉[14, 15] 等重点研究了重复性调度中的奇异现象，不仅发现了新的奇异现象，而且还研究了它们的产生机理。此外，很多学者从其他的方面研究项目管理中可能产生奇异现象的情况。杨冰研究了如何能够用更简单的方法将可能发生奇异现象的项目表示出来，为项目的研究和实施提供便利。张照煌和梁会森，周梦和杜志达分别针对可能发生奇异现象的项目，给出了一些重要参数的计算方法。

我国学者对项目管理中奇异现象的研究在国内引起了的重视，特别是引起了国家自然科学基金委的高度重视。近年来，多项相关的科研项目获得了国家自然科学基金的资助，例如，"机动时间的特性和排序亏值数学模型研究"，"最长（短）路长的奇异现象研究"，"基于悖论分析的重复性项目计划理论研究"等。

从总体来看，目前国内外对项目管理中的奇异现象已经逐渐重视，并且在理论和应用研究上也有了一定的广度和深度。

### 2. 未来研究焦点

对于项目管理中的奇异现象，虽然目前已有了一定的研究，取得了一些成果，但总的来说还可视作初级阶段，对奇异现象的发掘还不够深入，研究成果也没有形成较完整的体系。在未来的研究中，以下几个方面可能会成为重点：

（1）深入发掘新的奇异现象

当前发现的奇异现象主要与关键工序有关，因为它与总工期的变动直接挂钩，所以相对容易发现。但是在工程项目中，非关键工序的数量远远多于关键工序，它们往往不会直接与总工期挂钩，不容易被发现。非关键工序是很多项目调度问题的主要考虑对象，例如资源均衡问题等。因此，对奇异现象的研究不应仅仅局限在关键工序上，还更要涵盖非关键工序。

（2）利用奇异现象，解决各类项目管理问题

发现并研究奇异现象就是为了能够更好地解决实践中的问题，并且很多奇异现象只有在工程实践中才有可能被发现。工程实践中的问题是不可能被全部彻底解决的。自从项目管理中的奇异现象首次被发现以来，对在该情况下的各类相关问题的研究就一直没有停止，并且在将来必然会继续深入研究下去。

（3）拓展研究其他学科领域中的奇异现象

奇异现象在自然界是广泛存在的，并且从本质上说，它们并不奇异，只是人们对自然规律的了解还有待进一步深入，这些现象与现有的常识有悖，进而显得不同寻常。各学科领域的学者同样在不断地发现并研究各领域内的奇异现象。在将来，我们会试图根据项目管理中的奇异现象及其规律，从新的角度分析其他学科领域，寻求突破，可能会发现新的奇异现象。相应地，其他学科领域的学者也可能会根据各自领域的研究经验，转而考虑项目管理领域，帮助该领域的奇异现象研究取得突破。

## （三）关键链项目缓冲管理

关键链技术（Critical Chain，CC）作为一种新的管理理念和管理技术被引入项目管理领域。由于重大工程中普遍出现延误工期和超预算的情况，关键链技术越来越多地被用来进行工期和成本控制。该方法提出通过剥离项目安全时间，插入缓冲来吸收由于不确定性等因素所带来的工期波动，并且通过缓冲的监控确保项目按期完工，对关键链缓冲的设置和监控的研究越来越被重视。

### 1. 关键链缓冲设置

关键链缓冲大小的确定是近年来的一个研究热点问题。Goldratt 提出的剪切 - 粘贴法

和 Newbold 提出的根方差法是该领域最早提出并得到公认的两种方法，在此基础上，近几年来许多学者从不同的角度进行深入研究并且取得了许多研究成果。针对研究方法的不同，现将国内外学者的主要研究发展及成果总结如下。

（1）基于对数正态分布的假设

基于项目活动工期服从对数正态分布的假设，Alexandra B.Tenera 提出用最后一项活动超过预定日期的风险来估算项目活动时间，这篇文章提出在确定活动服从概率分布的基础上，用项目活动的最后一个活动完工风险来确定项目的缓冲。Mohammad Fallahd 等提出了变异系数、偏度以及峰度 3 个指标来反应项目的不确定性，从而提出了 3 种缓冲区的计算方法。为了避免适用范围的局限性，所以运用凸组合的优化方法将 3 个计算结果进行优化处理，得出一种最终的计算方法[16]。这是将项目风险用数学意义进行量化，进一步提出缓冲的计算方法。

（2）基于项目属性的设置方法

在基于属性相关的缓冲区设置方面，Oya I. Tukel 等提出缓冲的资源紧度求解（APRT）和网络复杂度求解（APD）两种方法[17]。Luong Duc Long 等基于梯形模糊理论，用模糊数模拟项目不确定性，计算出项目缓冲大小[18]。褚春超和赵之友在考虑资源紧张度和网络复杂度情况的同时，又考虑了管理者风险偏好等因素的影响，提出了新的缓冲区计算方法。单泪源等在分析项目实施中可能由偶然性不确定因素引发的风险事件基础上，设计了一种确定缓冲区的新方法。Yang Lixi, Fu Yan 等基于根方差，设定项目属性的 3 个修正因子，通过数据模拟，得出这 3 个因素对工期的影响，从而得出计算缓冲大小的改进方法。

（3）基于模糊理论方法

Luong Duc Long 等用梯形模糊数估计项目的不确定性，在缺乏历史数据的情况下，基于专家判断法等主观估计项目的具体情况。Shi Qian 等运用模糊技术考察项目的资源紧张度，并且结合网络复杂度和风险偏好等因素，提出了一种基于这几种属性的缓冲计算方法[19]。Zhao Zhenyu 等运用遗传算法确定关键链，并且用梯形模糊数来确定项目的不确定性[20]。

（4）其他相关理论方法

目前，在原有的理论基础上，结合新的思想和方法进行创新也是缓冲管理研究的一个重要方向。例如，基于项目调度理论，采用启发式算法解决关键链资源冲突问题[21]。马力等结合自由时差方法，设计了一种设定项目缓冲区和反馈缓冲区大小的新方法。

2. 关键链缓冲监控

缓冲监控是缓冲管理的重要内容，通过对缓冲的监控来实现对项目执行情况管理，是确保项目按时完工并且有效提高效率的重要途径。最早，Goldlatt 提出将缓冲平均分为 3 部分进行监控，即将缓冲等分为红色区域、黄色区域和绿色区域 3 部分。

Kuo T C 和 Bevilacqua 等沿用 Goldratt 的缓冲监控思想，提出依据项目计划的阶段确定缓冲大小进行监控[22, 23]，其局限性在于这种方法是静态的。

为了改进静态监控方法的局限性，Leach 提出缓冲触发点的设置目标是使监控行为与项目实际执行情况相符合。因而他基于静态缓冲监控方法存在的缺点，缓冲监控点的设置可以是绝对的，也可以是相对的。别黎，崔南方通过动态地调整两个触发点的位置来监控项目实际进度和计划进度之间的差异，动态地进行监控[24]，提供了更加准确、实用的监控阀值。

总体来说，现有缓冲监控的研究相对较少。已有的一些文献也是 Goldratt 在 CCPM 中提出的缓冲管理法的简单应用，而且也是静态监控方法，不适用于复杂的项目环境和项目执行中的高度不确定性。对于缓冲动态监控方法的研究较少。随着项目的执行情况进行动态监控成为现在研究的主流。如何设置监控点及动态监控项目实施情况仍旧是未来研究的热点。

### 3. 未来研究焦点

关键链缓冲管理作为一种新的项目管理方法，目前在研究和应用上取得了许多进展，下一步的研究应该主要集中于以下几个方面：

（1）多资源多项目问题进一步研究

多数情况下，关键链项目管理局限于单一资源下的单项目管理，对于涉及多资源的项目如何确定关键链及缓冲大小方面的研究尚不足。

（2）人的因素的影响研究

关键链的核心理念即是由于人的因素造成项目中包含大量的安全时间，并且由于学生综合症等因素的影响，该安全时间会被浪费掉。所以关于人的行为及心理因素的研究，对更加准确地衡量及估计关键链及缓冲资源具有重大的理论及现实意义。如何考察人在项目执行过程中的关键性作用，并充分利用是未来的一个重要研究方向。

（3）缓冲监控及预警机制的改进

现在的缓冲管理多采用完工比例与缓冲消耗百分比，并且根据实际执行情况设置两个调整触发点来进行监控。应当进一步研究缺乏对具体活动工序复杂度的分析，根据复杂度不同的工序分配的缓冲量的大小。

（4）多目标优化动态调整项目进度计划问题

关键链主要是以工期最短为目标。今后要进一步研究多目标优化的问题，比如成本最低、资源消耗水平最低等。我国的蔡晨教授在此已进行了一些探索。

（5）关键链与其他方法的结合使用

应当将缓冲思想应用于不同的领域，如 Yuan 等将缓冲思想应用到库存管理中，提出动态缓冲库存管理程序。Kuo 等将关键链理论中的缓冲时间尾部集中化方法应用到制造领域中装配工厂的交货期上。Wu 等将约束理论运用到供应链管理中，建立了一套基于约束理论的供应链补货系统，可以降低存货水平，交货时间和运输成本，提高了预测的准确性和客户服务水平[25]。

### （四）设计结构矩阵

随着科技的飞速发展，大型重点项目成倍增加，企业面临的复杂性问题越来越突出，复杂性体现在企业所开发的产品（项目）、开发活动所构成的流程以及组织结构，因此，对复杂系统的管理能力是成功运作任何企业的所必须具备的核心竞争力。

1981 年，Steward[26] 首次提出了设计结构矩阵方法（Design Structure Matrix ，DSM）并将其运用于复杂系统的设计、分析和管理中。通常，在这过程中出现的复杂关联、高度耦合的作业集合，及其产生的重叠（overlapping）与迭代（iteration）是这些项目进程的重要特征[27]，同时也是缩减该项目周期的主要挑战。但常用的项目管理工具，如甘特图、网络计划技术等都无法清晰地描绘复杂过程中活动之间的信息依赖关系，特别是信息的反馈、耦合和迭代，而它们通常是导致研发项目进度拖期、费用超支的主要原因。而 DSM 提供了一种简明的可视化方法，系统、清晰、紧凑地将所有产品开发过程中的信息依赖关系反映到一个矩阵中，可反映产品开发进程中的耦合、迭代等问题。

近几年来，利用结构矩阵这种特殊的形式，对项目最短工期，最低成本和工序排序的优化研究产生了一系列独特的新方法，越来越引起人们的关注。

#### 1. 国内外研究现状

设计结构矩阵（DSM）是一个具有 n 行 n 列的二元的方阵，根据领域的不同，DSM 矩阵可以分为产品架构、组织架构、过程架构及多领域 4 种 DSM 模型（如图 1 所示[28]）。通常，对于产品和组织结构进行 DSM，采用聚类的方法对其进行分析；对于过程架构的 DSM，采用排序的方法以降低返工、缩短工期。

##### （1）国外研究现状

国外对 DSM 的研究应用起步早，发展相对成熟，已经广泛应用于航空、汽车、轮船、电子、机械、建筑、软件等行业的产品开发设计。从项目管理角度主要侧重于以下几个方面：

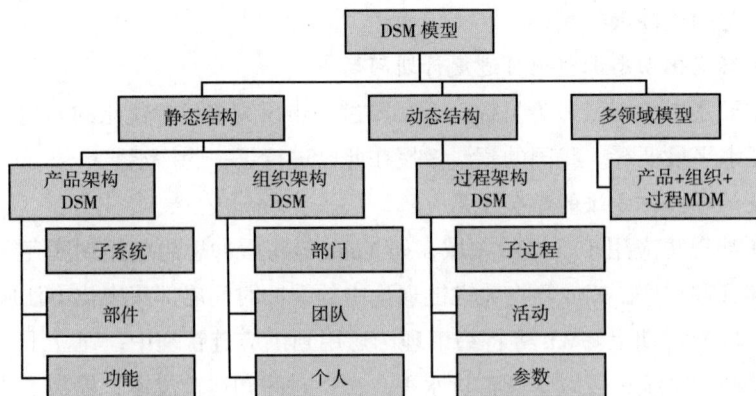

图 1 DSM 模型的分类

1）研究产品开发过程建模分析优化。通过对项目成本、工期、迭代、重叠、风险、不确定性、模糊性等综合建模、优化和仿真，对缩短研发项目进度、降低成本具有重要意义。

最近几年学术成果大量涌现：Browning 与 Eppinger[29, 30] 研究了基于 DSM 的复杂研发项目的进度、成本和技术性能风险分析，及其仿真分析方法；Srour[31] 等提出了基于信息依赖关系的活动重叠设计方法，开发了新的算法优化最短工期；Eppinger 和 Unger[32, 33] 分析了产品开发风险和产品开发过程管理的关系，通过风险识别，提出了几种基于迭代和审查的 DSM 矩阵；Collins 和 Yassin[34] 利用网络分析矩阵识别所有有效和无效迭代来测度有效的并行，并对组织变化进行检验；Collins 和 Yassine[35] 等把设计结构矩阵和网络分析方法结合起来研究任务排序问题；Yassine[36] 等基于模糊理论，将精确算法嵌入一个局部的启发式搜索框架中，用于复杂模型中具有非确定性依赖关系的关联活动的排序；Yu Tian-Li[37] 等建立了一个自动化依赖结构矩阵的聚类技术用于遗传算法建模，对复杂问题进行分解和整合；Browning 和 Yassine[38, 39] 研究了多项目资源受限环境下，如何合理配置资源以减少资源等待，缩短工期。

2）多领域研究。Eppinger 等率先论述了跨领域的 DSM 的 3 种组合关系：从产品部件到组织单元，从活动过程到产品部件、从组织单元到活动过程。DSM 模型被扩展到了两种或更多的领域，称为多领域架构 DSM（Multi-Domain Architecture DSM，MDM）。MDM 可以把单个的 DSM 矩阵整合到一个多领域矩阵中。研究者们结合启发式算法及仿真方法进行分析和优化，更好地理解认识越来越复杂的系统，提高了对复杂系统的管理水平。

（2）国内研究现状

目前，国内对于 DSM 的研究和运用多集中于机械设计及航空航天行业。陈冬宇等提出一种基于设计结构矩阵（DSM）理论的多目标流程优化遗传算法，建立了产品开发仿真模型。杨青，吕杰锋[40] 提出了一种基于 DSM 返工风险矩阵的遗传算法（RRGA）求解项目活动排序优化问题，构建了相应的 DSM 价值流优化目标函数。陈庭贵和肖人彬以 DSM 为研究工具，将人工免疫网络系统、反馈控制理论引入其中，建立返工迭代重叠模型。唐敦兵等通过建立工程变更影响分析模型，解决产品开发中工程变更带来的影响。绍伟平等提出了基于分层 DSM 复杂产品设计过程建模研究。温跃杰和赵晟开发了一种基于 DSM 的工具软件，将其用于航天器信息建模。

陈冬宇以 DSM 理论为研究基础，建立项目开发过程仿真模型；武照云等研究了产品开发的重叠模型并对其进行了仿真优化；杨青和黄建美[41] 提出了基于活动重叠的 DSM 项目时间计算方法，研究了并行设计中任务调度问题；陈庭贵和肖仁彬建立了改进的并行迭代模型；白思俊，万小兵[42] 提出了一个基于设计结构矩阵（DSM）的项目周期计算模型。

多领域 Multiple-Domain Matrix（MDM）研究应用方面：孙清超和郭钢建立了多产品开发项目信息交互模型；李国恩建立了多项目资源配置 DSM；张刚和郭中泽提出了基于设计结构矩阵的多学科协同设计方法研究；刘伟提出了基于 DSM 的复杂产品多性能协同设计方法；徐路宁等提出了基于设计结构矩阵的多领域协同设计，解决多领域协同设计中的耦合问题。

### 2. 未来的研究焦点

1）DSM 应用领域不断拓展。DSM 建模研究应用开始从工程领域向其他领域扩展，包括一些新的领域，如：社会网络、地缘政治问题、医疗保健系统、金融系统和教育系统等。

2）DSM 研究方法不断创新。不断开发新的数据收集方法和建模方法，开发更好的 DSM 工具处理大型的矩阵，将排序、聚类等方法应用于各专业化领域，进一步改善可视化程度。

3）专业化的 DSM 软件工具。逐步形成专业化的 DSM 软件工具，用于 DSM 的创建、显示和分析。

## （五）项目集成管理

项目集成管理，主要包括项目进度、成本、质量与资源的集成管理；项目产出物与项目工作的集成，项目不同专业或部门的集成管理；项目工作与组织运营工作的集成等几个方面。通过项目集成管理可以降低项目风险，缩短工期，提高项目效益。学者指出"21 世纪的管理将向集成化的方向发展"。现代项目的寿命周期向前延伸并向后拓展，项目管理的任务范围也大大扩展，无论是业主、承包商或项目管理者常常都要参与项目的全过程，因为"项目指的是一次性的任务"，时间也较短，因此设计、施工、供应本是不同的项目，在每个不同的阶段又都有时间、成本、质量、风险等项目。因此，一个项目的生命周期集成管理实际包含了众多的项目，是不同类型项目的集合。但是这些项目都有一个共同的目标，因而它们才能集成为一个整体，在每个子项目执行的过程中都必须遵循总目标的要求。要改变项目要素如工期、成本、质量、风险、信息沟通、招投标等独立管理的传统模式，要从全局优化的角度将各种项目要素进行全盘考虑。

为了提高项目管理的效率和可靠性，项目平台的研究也开始引起了人们的注意，成为重要研究方向。项目管理平台是一个有机的系统，它主要是通过知识的复用，降低人为因素的作用，实现稳定有效的项目集成管理。

### 1. 国内外研究现状

早在 20 世纪 50 年代，美国的国防部和能源部等，通过关于项目工期和成本的集成计划与控制方法的研究，开创了项目集成管理研究的先河[43]。1958 年，美国每年研究推出的计划评审技术（Program/Project Evaluation and Review Technique，PERT）就是基于工期和成本的集成管理的雏形。1967 年，美国空军主研开发的"成本／工期控制系统规范"更是项目集成管理的实际应用的方法。后来，人们在此基础上开发了"挣值管理（Earned Value Management，EVM）"的项目成本与工期的集成管理方法。直到今天，在美国国防部等主要政府性业主项目的招投标中，都要求承包商采用这种项目工期与成本集成管理的方法以及相应的项目报告标准[44]。尤其是最近几年，随着项目集成管理理论在应用中不断取得经验，许多国家如澳大利亚、加拿大、瑞典和英国等结合美国国防部的 35 条准则，分别判定了各自国家的工程管理标准，把项目集成管理作为项目控制的基本方法，而且成功的项目案例不计其数。近年来，我国在机械制造、计算机软件行业取得全寿命周期集成管理的广泛应用，复杂建设项目中的集成管理从全生命周期集成、组织结构集成、信息集成等方面在不断探索并扩展[45]。

在项目平台研究方面，发展起来"情景化项目运行"等几种项目平台模式[46-48]。"情景化项目运行平台"，通过情景平台确定项目的范围和流程，进行情景化项目运行，实现用流程集来调动活动，用活动来调动资源的过程；"角色化人力资源成长平台"对各种角色进行清晰地界定，使其责任范围的边界更具体，通过对角色的划分，胜任的特性，评价模型及人力资源发展方向的研究不断提升角色的胜任力，使角色能迅速的胜任工作；"项目角色动态化调度平台"，可以通过知识复用实现角色在需要时能及时到位，通过不同的知识与角色对立，降低项目角色的能力基准，提供角色工作的基本方式；"项目信息化管控平台"，借助信息化系统减少人为模糊性和处理过程的"矛性"[49]，保障了角色开展工作的规则；"项目文化平台"，通过项目管理文化体系构成特点的分析，建立管理文化的模型，解决人们对项目临时性的恐惧，愿意由静态的岗位转变为动态的角色，看到未来发展的前景，确保组织的稳定。

### 2. 未来研究焦点

突破单因素或少量因素的简单集成管理研究，在更高层次上和更大范围内如大型工程建设领域实现系统的集成，实现项目管理理论的质的提升，对全生命周期集成、组织结构集成、信息集成等因素的全面集成管理。

复杂系统或者大型工程建设领域的集成管理中除了工期、成本、质量的全面集成管理，不同利益方关系的研究也成为集成管理的重点。

项目平台研究仍然处于初步阶段，在情景分类、触发机制以及不同情境下应对策略的研究，为在平台上运行的各个具体功能提供耦合的环境和条件；知识共享的影响因素和知识平台的构建，关键绩效领域和关键绩效指标监控构建方式，文化平台的结构构成及运用等方面都需要继续深入研究。

## 三、项目管理的发展趋势与对策

由于经济规模的扩大和科技迅猛发展，项目管理近期的发展趋势日益收到人们的关注。

### （一）项目管理的应用领域日趋宽广

#### 1.项目管理规模日益由"小"变"大"

由于在国民经济和全球一体化中，大型、超大型的项目越来越多，几十亿、几百亿的项目如高速公路建设、高速铁路建设、地铁建设、大型水利工程项目、大型地标型建筑物等都是两位数的增长。因此项目管理也由最初的小规模，日益变成大规模，大规模项目管理越来越被重视。我国自然科学基金设立了盛昭瀚等人关于重大工程计划研究的重大项目，反映了项目管理由"小"变"大"的趋势。

#### 2.项目管理的性质日益由"硬"到"软"

项目管理过去关注的重点在于工程建设等"硬"的项目，但最近人们在大型科技管理和软件开发等"软"的项目也越来越受到关注。例如，2013年5月，我国召开了《国家自然基金条例》讨论会，会上重点讨论了今后自然科学基金项目如何进行制度的设计，完善经费管理、科研评价和审计监督的管理，提高基金使用效益，培养科技人才等问题。在软件设计项目中，成本的估算一直是重要的关键问题，近年来无论在数据驱动方法还是专家驱动方法都不断有新的方法出现，我国中科院在这方面的研究，也取得了一些突破性进展。

#### 3.项目管理由独立的"一个"项目，日益发展成为"一系列"项目整体管理

因为市场竞争日益激烈，客户需求日益个性化，这种快速变化的环境，要求长期组织（企业、公司、政府部门）能够适时的动态调整组织内外的资源，以应对外部环境的快速变化。因此，人们把长期的任务分解为一系列连续的短时项目，通过一系列连续的多个项目的实施来实现组织的长期目标。这种企业项目化管理趋势日益改变着"项目是一次性任务"的传统观念。

#### 4.项目管理日益由"技术层面"发展为战略层面

因为项目管理是由统筹法发展而来，过去一直解决的问题是做什么、谁来做、怎么做的技术层面的问题。随着项目规模越来越大，项目的内部结构越来越复杂，项目的目标也由原来的技术层次单目标，逐渐发展为战略层次的多目标。统筹法的思想决定最主要的任务及各种利益方的平衡，尤其是项目利益相关者的满意度的管理，日益成为项目管理关注的焦点。

### （二）项目管理的基础理论研究日益受关注

过去人们一直认为项目管理就是一种方法，没有什么基础理论。但是现实中发生的一些现象，使人们不得不改变这种传统的认识。例如，在重大工程项目中，总工期普遍被延

误，总预算野普遍被超支，这种现象不是一年两年，而是二三十年来一直存在而且越来越严重。由于重大工程都是几十个亿上百亿的投资额，1%的误差都会造成几千万甚至几个亿的净利润的损失，所以重大工程一直备受关注。在对这些计划的研究中，人们不但没有根本上解决矛盾，反而发生了一些匪夷所思的奇异现象，这说明重大工程项目计划中的规律与简单计划不一样，研究发现这些规律就成为人们日益关注的课题。目前国际上研究最多的是"隐性工序"问题，该问题虽没有解决，但产生了模拟隐性工序的仿真商业软件。各国的科研基金对项目管理理论研究的大力资助，如美国、日本、我国台湾地区及大陆地区。其中，大陆地区自然科学基金已有该课题的多个项目立项，表明我国项目管理基础理论研究日趋繁荣。

# 参 考 文 献

［1］ Han S H, Yun S, Kim H, et al. Analyzing schedule delay of mega project: Lessons learned from Korea train express ［J］. Engineering Management, IEEE Transactions on, 2009, 56(2): 243-256.

［2］ Hartmann S, Briskorn D. A survey of variants and extensions of the resource-constrained project scheduling problem ［J］. European Journal of Operational Research, 2010, 207(1): 1-14.

［3］ Ahsan K, Gunawan I. Analysis of cost and schedule performance of international development projects ［J］. International Journal of Project Management, 2010, 28(1): 68-78.

［4］ 杨春辉, 刘翔, 陈洪辉, 等. 动态使命环境下指控资源动态规划组织的仿真研究［J］. 系统仿真学报, 2009, 21(1): 9r-14.

［5］ 陆云波, 彭正龙, 汪云峰. 团队权力分布与绩效非线性关系: 灭火救援团队仿真［J］. 系统工程理论与实践, 2010, 30(3): 571-576.

［6］ Elmaghraby S E, Kamburowski J. The analysis of activity networks under generalized precedence relations(GPRs) ［J］. Management science, 1992, 38(9): 1245-1263.

［7］ Yakhchali S H, Ghodsypour S H. Computing latest starting times of activities in interval-valued networks with minimal time lags ［J］. European Journal of Operational Research, 2010, 200(3): 874-880.

［8］ Bianco L, Caramia M. A new formulation of the resource-unconstrained project scheduling problem with generalized precedence relations to minimize the completion time ［J］. Networks, 2010, 56(4): 263-271.

［9］ Bianco L, Caramia M. An exact algorithm to minimize the makespan in project scheduling with scarce resources and generalized precedence relations ［J］. European Journal of Operational Research, 2012, 21(1): 73-85.

［10］ Lucko G. Productivity scheduling method: Linear schedule analysis with singularity functions ［J］. Journal of Construction Engineering and Management, 2009, 135(4): 246-253.

［11］ Lucko G. Integrating efficient resource optimization and linear schedule analysis with singularity functions ［J］. Journal of Construction Engineering and Management, 2010, 137(1): 45-55.

［12］ 乞建勋, 张立辉, 李星梅. 网络计划管理中机动时间的特性理论及其应用［M］. 北京: 科学出版社, 2009.

［13］ 乞建勋, 苏志雄, 王强, 等. 统筹法的发展及前沿问题［M］. 北京: 科学出版社, 2010.

［14］ Zhang L H, Qi J X. Controlling path and Controlling Segment Analysis in repetitive scheduling method［J］. Journal of Construction Engineering and Management, 2012, 138(11): 1341-1345.

［15］ Zhang L H, Zou X, Su Z X. GA Optimization Model for Time/cost Trade-off Problem in Repetitive Projects Considering Resource Continuity［J］. Applied Mathematics & Information Sciences, 2013, 7(2): 611-617.

［16］ Fallah M, Ashtiani B, Aryanezhad M B. Critical chain project scheduling: utilizing uncertainty for buffer sizing［J］. IJRRAS, 2010, 3（3）: 280–289.

［17］ Tukel O I, Rom W O, Eksioglu S D. An investigation of buffer sizing techniques in critical chain scheduling［J］. European Journal of Operational Research, 2006, 172（2）: 401–416.

［18］ Long L D, Ohsato A. Fuzzy critical chain method for project scheduling under resource constraints and uncertainty［J］. International Journal of Project Management, 2008, 26（6）: 688–698.

［19］ 施骞, 王雅婷, 龚婷. 项目缓冲设置方法及其评价指标改进［J］. 系统工程理论与实践. 2012, 32（8）: 1739–1746.

［20］ Zhao Z Y, You W Y, Zuo J. Application of innovative critical chain method for project planning and control under resource constraints and uncertainty［J］. Journal of Construction Engineering and Management, 2010, 136（9）: 1056–1060.

［21］ Bożejko W, Hejducki Z, Rogalska M, et al. Scheduling of Construction Projects with a Hybrid Evolutionary Algorithm's Application［J］. Evolutionary Algorithms（Eisuke Kita, ed.）, InTech Publishing, 2011: 295–308.

［22］ Kuo T C, Chang S H, Huang S N. Due-date performance improvement using TOC's aggregated time buffer method at a wafer fabrication factory［J］. Expert Systems with Applications, 2009, 36（2）: 1783–1792.

［23］ Bevilacqua M, Ciarapica F E, Giacchetta G. Critical chain and risk analysis applied to high-risk industry maintenance: A case study［J］. International Journal of Project Management, 2009, 27（4）: 419–432.

［24］ 别黎, 崔南方. 关键链动态缓冲监控方法研究［J］. 中国管理科学. 2010, 18（6）: 97–103.

［25］ Horng-Huei Wu, Ching-Piao Chen, Chih-Hung Tsai, Tai-Ping Tsai. A study of an enhanced simulation model for TOC supply chain replenishment system under capacity constraint［J］. Expert Systems with Applications. 2010, 37（9）: 6435–6440.

［26］ Steward D V. The design structure system: a method for managing the design of complex systems［J］. Engineering Management, IEEE Transactions on, 1981（3）: 71–74.

［27］ Terwiesch C, Loch C H. Measuring the effectiveness of overlapping development activities［J］. Management Science, 1999, 45（4）: 455–465.

［28］ Eppinger S D, Browning T R. Design structure matrix methods and applications［M］. The MIT Press, 2012.

［29］ Browning T R, Eppinger S D. Modeling impacts of process architecture on cost and schedule risk in product development［J］. Engineering Management, IEEE Transactions on, 2002, 49（4）: 428–442.

［30］ Srour I M, Abdul-Malak M A U, Yassine A A, et al. A methodology for scheduling overlapped design activities based on dependency information［J］. Automation in Construction, 2013, 29: 1–11.

［31］ Unger D W, Eppinger S D. Comparing product development processes and managing risk［J］. International Journal of Product Development, 2009, 8（4）: 382–402.

［32］ Collins S T, Bradley J A, Yassine A A. Analyzing product development task networks to examine organizational change［J］. Engineering Management, IEEE Transactions on, 2010, 57（3）: 513–525.

［33］ Collins S T, Yassine A A, Borgatti S P. Evaluating product development systems using network analysis［J］. Systems Engineering, 2009, 12（1）: 55–68.

［34］ Lin J, Qian Y, Yassine A A, et al. A fuzzy approach for sequencing interrelated activities in a DSM［J］. International Journal of Production Research, 2012, 50（23）: 7012–7025.

［35］ Yu T L, Goldberg D E, Sastry K, et al. Dependency structure matrix, genetic algorithms, and effective recombination［J］. Evolutionary computation, 2009, 17（4）: 595–626.

［36］ Browning T R, Yassine A A. Resource-constrained multi-project scheduling: Priority rule performance revisited［J］. International Journal of Production Economics, 2010, 126（2）: 212–228.

［37］ Browning T R, Yassine A A. A random generator of resource-constrained multi-project network problems［J］. Journal of Scheduling, 2010, 13（2）: 143–161.

［38］ Yassine A A, Chidiac R H, Osman I H. Simultaneous optimisation of products, processes, and people in development projects［J］. Journal of Engineering Design, 2013, 24（4）: 272–292.

［39］ Bartolomei J E, Hastings D E, de Neufville R, et al. Engineering Systems Multiple - Domain Matrix：An organizing framework for modeling large - scale complex systems ［J］. Systems Engineering, 2012, 15( 1 )：41–61.

［40］ 杨青，吕杰峰. 基于DSM返工风险评价矩阵的项目优化与仿真［J］. 系统工程理论与实践, 2010, 30 ( 9 )：1665–1671.

［41］ 杨青，黄建美. 基于活动重叠的DSM项目时间计算及排序优化［J］. 系统工程论与实践，2011, 31 ( 3 )：496–504.

［42］ 白思俊，万小兵. 基于设计结构矩阵的项目进度周期［J］. 系统工程理论与实践，2008, 28 ( 11 )：51–54.

［43］ 陈勇强. 基于现代信息技术的超大型工程建设项目集成管理研究［D］. 北京：清华大学，2010：2–25

［44］ 赵阳，刘起霞. 基于集成管理的工程项目组织设计研究［J］. 科技管理研究，2013, 33 ( 14 )：193–195.

［45］ 盛昭瀚，游庆仲. 综合集成管理：方法论与范式——苏通大桥工程管理理论的探索［J］. 复杂系统与复杂性科学，2007, 4 ( 2 )：1–9.

［46］ 张中凯. 民用机场建设项目集成管理研究［D］. 大庆：东北石油大学，2012：2–18

［47］ Steel J, Drogemuller R, Toth B. Model interoperability in building information modelling ［J］. Software & Systems Modeling, 2012, 11( 1 )：99–109.

［48］ Motamedi A，Hammad A. Lifecycle management of facilities components using radio frequency identification and building information model ［J］. Journal of Information Technology in Construction, 2009, 14：238–262.

［49］ Succar B. Building information modelling framework：A research and delivery foundation for industry stakeholders ［J］. Automation in Construction, 2009, 18( 3 )：357–375.

总顾问：蔡　晨

撰稿人：乞建勋　欧立雄　陆云波　张俊光

　　　　杨　青　丁荣贵　阚芝南　苏志雄

# ABSTRACTS IN ENGLISH

# Comprehensive Report

## Advances in Management Science and Engineering

In recent years, China has witnessed an unprecedented development in the field of management science and engineering. On one hand, quite a few research results gain international reputation and are published on top journals. On the other hand, the research is based on domestic management practice and contributes to economic and social development significantly. This report attempts to analyze the trend of domestic management science and engineering in recent years by the following three aspects: the latest research progress in management science and engineering, a comparison between domestic research progress and abroad research progress, trend and prospect of this discipline.

This report performs a statistical analysis on high quality papers in the field of management science and engineering. A co-word matrix, visualized as a graph indicating the hot spots in management science and engineering, is obtained based on keywords in these papers. Combining this graph with expert opinions, we identify the hot spots as: operational management, industrial engineering, theory and method of decision, business intelligence, quality management and service management.

Apart from the hot spots mentioned above, some emerging fields along with traditional fields are attracting more and more attention. This report chooses the following fields for more detailed analysis: agent-based computational finance, urban traffic management, intelligent knowledge management, service science, low carbon development management, project control.

This report conducts a comparison between America, Canada, Japan, Korea and Hong Kong, Taiwan in terms of research progress, based on the statistical results of papers published in major journals of management science and engineering. It turns out that mainland China has published the second most papers among all investigated countries since 2010. According to the principle that a country with more most-cited papers is more influential in the related discipline, China has achieved significant influence in management science and engineering, yet the gap between China and other countries or regions still exists. By analyzing keywords of high quality papers, we identify the differences and similarities between China and other countries/regions in terms of key research areas. The comparison indicates that each country or region differs from one another, while scheduling, optimization and the game theory are common to all.

The next decade is a critical period of strategic opportunities for domestic scientific and technological development; the rapid economic and social development makes numerous new requests for management science and engineering. This report summarizes the future trend of management science and engineering, and proposes the key areas, namely management theory based on China's actual conditions, methodology of complex management system, management issues with behavioral complexity, risk management and crisis management in the post-financial crisis era, service science under new information technology, decision and knowledge management under network information environment. Finally, we end with suggestions to promote domestic development of management science and engineering.

# Reports on Special Topics

## Report on Advances in Agent-based Computational Finance

The traditional classical finance theories and models have been widely questioned and criticized because they can not explain and predict the frequently happened global financial crisis perfectly. Financial system is a complex system, that is composed of a large number of adaptive learning and bounded rational individuals. along with the rapid development of the human ability to calculate, Agent−based Computational Finance, a new field that to explore and study the dynamic and features of financial system emerges. As stock market developed in China, the theories and models of the mainstream school of economics cannot be directly applied to China's national conditions, especially in design and research of improving the financial regulatory system. Therefore, in order to complete the standardization of China's capital market and institutional building, it is urgent to explore the new technical methods. Agent−based Computational Finance as a new branch of finance, we can use computer modeling techniques to simulate the real financial markets, and reserve how markets may react to various regulatory policies and measures directly in the computer system, thus assess the effect of the policy and the feasibility of the system. In−depth study of this technology is crucial for improving the construction and supervision of the capital market in China, as well as the assessment of market efficiency of financial innovation products. It deserves attention of Chinese financial academia. Agent−based Computational Finance has received more and more attention and awareness than before. Through the statistic and analysis on published domestic papers on ACF, we find that the team of domestic researchers on ACF has been preliminarily built, and already has a certain scale. However, there is still a lack of dominant core journals and professional journals, which indicates that ACF is just beginning to be accepted by domestic scholars and research on ACF remains to be further developed. From the view of the two leading points driving the development of the studies on ACF, the pushing of the researches overseas and the domestic funding support are the main push factors. Studies on financial economics and behavioral finance will be the trend in the future of ACF. And the ACF modeling will change from simplification to complex adaptability and interactivity. Based on the analysis of present status of domestic ACF, we also summarize the present status of foreign ACF, and then we compare the present status of domestic and overseas ACF, point out the shortages of domestic ACF research, as well as the gap between domestic and overseas ACF research. Then the hot issues about ACF research at home and abroad is expounded, after which we analyze the development trend and direction of domestic ACF. Finally, put forward some Suggestions of developing domestic ACF. The Research on ACF is still in its start–up step. In order to promote the development of ACF, we should increase the support in equipment, personnel training and cooperation with the research team abroad.

# Report on Advances in Urban Traffic Management

In this report, we first give a brief description of China's current urban transportation. After decades of rapid economic growth, our cities are now facing serious congestion, pollution and safety challenges with rapid motorization and travel demand growth. Then, we introduce the experiences originated from other countries in predicting and managing time–spatial traffic demand, developing public transport system, coordinating multiple transport modes, enhancing urban transport system reliability, integrating and using multiple source traffic information. We finally propose the research directions of urban transportation. ① joint optimization of urban pattern, transport system and road network structure. ② guidance and management of travel demand. ③ road traffic flow management. ④ construction, operation and management of integrated public transport system based on rail transit. ⑤ construction and operation of intelligent urban transportation management system.

# Report on Advances in Intelligent Knowledge Management

There are some important problems hindering implementation and application of data mining technology. Thus, how to obtain actionable knowledge through data mining technology and how to effectively use actionable knowledge in organizations and enterprises to support their decisions is becoming a difficult issue. As the interdisciplinary research of data mining and knowledge management, intelligent knowledge management is a new research field and has great research significance and application value. This report reviewed the theoretical framework and related definitions of intelligent knowledge management, summarized its special features, and concluded the current research development in this domain from different aspects such as projects funding, academic group network, related journals, and successful industrial applications. Reviewing the current state of intelligent knowledge management research, we could find that intelligent knowledge management has drawn the attention of the academia and is gradually becoming a research hotspot. However, current research often focuses on a specific problem or concentrates on a certain stage of the knowledge discovery. The related researches are scattered and has not formed a comprehensive and systemic research system yet. By comparing the researches abroad and at home, we could find both of the researches are in the beginning stage, which have great research space and prospect, and need related policy supporting. The report considers intelligent knowledge management and decision structure variation, intelligent knowledge's complexity, intelligent knowledge acquisition method in big data environment, intelligent knowledge supporting management decision method, intelligent knowledge management system and empirical study as the main issues in the research of intelligent knowledge management in the future. The report advises the relevant departments to provide funding, human and material resource's support, search for potential scientific and technical workers and academic backbones; increase the investments to key laboratories' construction, strengthen the inter-team academic connections; facilitate international communication and cooperation; expand domestic research teams' influences in this field and promote its development.

# Report on Advances in Service Science

Wide applications of Information and Communication Technology (ICT) drive the upgrading of service industries and a fusion of different industries, which lead to a blasting increase of modern service industries. This subject has first reviewed the development of researches in the field of service science during the past five years. Main research directions during recent years include new service design/innovation in the network background, the coordination and optimization of the operations of member firms in the service network, the dynamic scheduling strategies for the resources in the service network, and information service. Second, this subject has discussed the development trend and main research topics in the near future. Amongst, modern service has typical characteristic of networking, including organizational networking and informational networking. Thus the interaction between member firms in the service network becomes more complicated, and is affected by more factors. Hence the methods for coordinating the operations of member firms in service networks with various characteristics (such as network externality) deserves more attention. In addition, platform service in the network environment is becoming the dominant pattern of modern service. Platform service provides service providers (SPs) a low-cost accessing gateway, by which distributed and professional service resources (especially resources from small-medium size enterprises) can be effectively integrated to provide systematic and high quality services to customers through customer's participation and value co-creation. Hence it will be the common research focus of government, firms and academic researchers of many countries to recognize the pattern of platform service and its resource integration mechanism to promote the development of modern service.

# Report on Advances in Low Carbon Development Management

Energy security and climate change have become tremendous challenges to the sustainable development of China's economy and society. Low carbon development has gained wide attention and been implemented as a long-term strategy. This report firstly analyzes the challenges of low carbon development on Management Science and Engineering, and then systematically summarizes recent developments of both domestic and oversea low carbon management, including: ①economic growing pattern and low carbon development planning; ② market mechanisms and polices enhancing low carbon development; ③ evaluation, diffusion and policies of low carbon energy technologies; ④ low carbon supply chain; ⑤ life cycle assessment and exploiting strategies of energy (resource); ⑥ smart grid and low carbon energy portfolio allocation. Finally, developing trends and potential directions of each sub-branch study are expected in the last section.

# Report on Advances in Project Management

As an important branch of management, the discipline status of project management has been generally recognized at home and abroad in recent years. With the rapid development of science and technology and the accelerating process of economic globalization, the scale of the problem that project management need to deal with is bigger and bigger, and the complex degree increasingly is also high. The goal of the problem becomes diversity, from only considering things to pay close attention to personnel and from time-cost management to multi-stakeholder satisfaction management. Project management methods are increasingly showing a trend of diversification, from the Critical Path Method (overall planning method) to Critical Chain Method, Design Structure Matrix method and Computer Simulation Method. Even the incentive theory in the behavior science, net present value method and other methods has been becoming powerful tools of project management. The perspective of project management is also changing, from time to Interests, Leadership, System, Stakeholders, Transaction Cost, etc. Project management is increasingly becoming a new subject with the Cross−development of Multidisciplinary. With the acceleration of this process, it was discovered that Mr. Hua's "Overall Consideration and Laying Stress on Key Points" of the overall planning thought increasingly becomes guiding ideology of project management. The bigger the scale of a project is, the more guidance of overall planning thought is needed. So the same condition applies to complexity and stakeholders of a project. After decades of development, the connotation and extension of project management is increasingly rich, its subject orientation is increasingly clear, and its subject status has been fully determined.

# 索 引